Klaus Ahlheim, Bardo Heger

Nation und Exklusion

Der Stolz der Deutschen und
seine Nebenwirkungen

W0094823

Klaus Ahlheim, Bardo Heger

Nation und Exklusion

Der Stolz der
Deutschen und seine
Nebenwirkungen

WOCHEN
SCHAU
VERLAG

Bibliografische Information der Deutschen Bibliothek

Die Deutsche Bibliothek verzeichnet diese Publikation in der Deutschen Nationalbibliografie; detaillierte bibliografische Daten sind im Internet über http://dnb.ddb.de abrufbar.

www.wochenschau-verlag.de

Titelgestaltung: Ohl Design
Gesamtherstellung Wochenschau Verlag
Titelbild: dpa

Gedruckt auf chlorfreiem Papier
ISBN 978-3-89974391-3

Inhalt

Einleitung: Unverkrampft stolz?

2006 und 2007 – zwei Sommer in Deutschland. Im heißen WM-Juni des Jahres 2006 geschieht, vor unserer aller und der Welt Augen, etwas auf den ersten Blick Erstaunliches: Angesichts eines weltweiten Sportereignisses entdecken die Deutschen sich selbst und den Stolz auf sich. Schwarz-rot-goldene Fähnchen und Fahnen erobern nicht nur die Stadien, sie zieren auch Autos, Fahrräder und Kinderwagen, hängen an Fenstern und Balkonen und setzen sich – ganz offensichtlich dauerhaft – in deutschen Kleingärten fest. Die Deutschen sind – so vermitteln es Politik und Medien – endlich wieder stolz auf sich, und sie sind das – auch das vermitteln Politik und Medien sogleich – auf ganz (gast-)freundliche, unaggressive, friedliche Weise. Am 21. Juni 2006, nur knapp einen Tag nach dem 3:0 Sieg der Klinsmannelf gegen Ecuador und ganz in der Nachbarschaft des Holocaust-Mahnmals und der Berliner Fanmeile, stellt Norbert Lammert, Präsident des Deutschen Bundestages, bei einer Festrede über politische Kultur und politische Bildung fest: „Ein so unkompliziertes Verhältnis zum eigenen Land, so unverkrampft weltoffen, selbstbewusst und tolerant zugleich, hat es in einer weltweit zu besichtigenden Weise in den ganzen 50 Jahren vorher nie gegeben ...“[1]

Im verregneten August des Jahren 2007 besichtigt die Welt, reichlich irritiert, ein ganz anderes Deutschland. In der sächsi-

---

1 Norbert Lammert: Politische Kultur braucht Beteiligung – Anforderungen an die politische Bildung, in: Bundesarbeitskreis ARBEIT UND LEBEN (Hrsg.): Politische Kultur und gesellschaftliche Teilhabe – Zur Zukunft der Politischen Bildung. 50 Jahre Bundesarbeitskreis ARBEIT UND LEBEN, Wuppertal 2006, S. 15-19, hier S. 19; die „50 Jahre" beziehen sich eben auf dieses Jubiläum.

schen Kleinstadt Mügeln machen in der Nacht zum 19. August etwa fünfzig deutsche Jugendliche Jagd auf acht Inder
und verletzen sie zum Teil schwer. „Türkenschweine raus! Ihr
nehmt uns die Arbeit weg!" und: „Hier regiert der nationale
Widerstand", soll die jagende Menge gerufen haben – und
kaum einer der Kleinstadtbewohner hat versucht, der Meute
Einhalt zu gebieten.[1] Die indische Botschafterin dringt auf
schnelle Aufklärung, der Vizepräsident des Bundestags Wolfgang Thierse (SPD) warnt vor den negativen Folgen für den
Standort Deutschland und Maria Böhmer (CDU), die Inte-
grationsbeauftragte der Bundesregierung, warnt, das positive
Bild eines gastfreundlichen Deutschlands, das sich während
der Fußball-WM 2006 gezeigt habe, dürfe nicht durch fremdenfeindliche Übergriffe beschädigt werden[2]. Der auf einen
Schlag weit über Deutschland hinaus bekannte Bürgermeister
des kleinen Mügeln, Gotthard Deuse (FDP), reagiert naiv, un-
wissend, erstaunt, reklamiert Normalität für sich und sein
Städtchen und ist dabei ganz nah an der Wahrheit. „Ich zum
Beispiel" verkündet er nach der Hetzjagd und ausgerechnet in
der Rechtsaußen-Zeitung „Junge Freiheit", „bin stolz darauf,
Deutscher zu sein, aber wenn ich das sage, lande ich ja schon
wieder in der Ecke"[3], und in der „Financial Times Deutschland" spielt er die fremdenfeindlichen Parolen in der Tatnacht
ebenso verharmlosend wie wahrheitsnah herunter: „Solche
Parolen können jedem mal über die Lippen kommen."[4]

---

1 Vgl. dazu die Berichte in der „Berliner Zeitung": Matthias Loke/Holger
   Schmale: Hetzjagd auf Inder in Sachsen, in: „Berliner Zeitung" vom
   21.8.2007, S. 1; Frank Nordhausen: Ein Tritt, ein Ruf, und der Hass brach
   los, in: „Berliner Zeitung" vom 30.8.2007, S. 3.

2 Vgl. Frank Herold: Bestürzung nach Gewaltexzess von Mügeln, in: „Berliner Zeitung" vom 22.8.2007, S. 5.

3 „Ein neues Sebnitz". Nach der Gewalt in Mügeln steht der Ort am Pranger. Bürgermeister Gotthard Deuse kämpft für seine Stadt, Interview von
   Moritz Schwarz, in: „Junge Freiheit" vom 31.8.2007, S. 3.

4 Zit. nach: Lenz Jacobsen: Jagd auf Inder löst Debatte über Rassismus aus,
   in: „Financial Times Deutschland" vom 22.08.2007, S. 9.

2006 und 2007 – zweimal Sommer in Deutschland, neuer, weltoffener und friedlicher Stolz der Deutschen auf ihr Land oder doch ein Nationalstolz mit Nebenwirkungen? „Kampagnen, die darauf abzielen, nationalistische oder patriotische Einstellungen zu schüren", so haben beispielsweise Julia Becker, Ulrich Wagner und Oliver Christ in einer empirischen Studie festgehalten, „bergen die Gefahr, die Abwertung von anderen Gruppen zu fördern"[1]. Es gibt nämlich einen signifikanten Zusammenhang, so das beunruhigende Ergebnis von Becker, Wagner und Christ, zwischen Nationalismus und Fremdenfeindlichkeit. Es gibt zudem, so fügen wir hinzu, auch deutliche empirische Hinweise auf einen Zusammenhang von Nationalstolz, Schlussstrich-Mentalität und Antisemitismus. Was an dem neuen nationalen Selbstbewusstsein der Deutschen irritieren muss, sind eben diese fatalen Nebenwirkungen, die die politischen Beipackzettel tunlichst verschweigen. Wir sind diesen Nebenwirkungen in unserer empirischen Studie nachgegangen und haben dafür verschiede Bevölkerungsumfragen aus den Jahren 1996 bis 2006 ausgewertet.

Bevölkerungsumfragen in Deutschland und Europa

Unsere wichtigste Datenquelle war die „Allgemeine Bevölkerungsumfrage der Sozialwissenschaften" (kurz: „der ALLBUS"). Diese Umfrage erhebt seit 1980 im zweijährigen Turnus repräsentative Daten zu „sozialen Lagen, Einstellungen, Werten und Verhaltensweisen in Deutschland"[2]. Befragt werden jeweils etwa 3000 Personen ab 18 Jahren, darunter seit den 1990er

---

1 Julia Becker/Ulrich Wagner/Oliver Christ: Nationalismus und Patriotismus als Ursache von Fremdenfeindlichkeit, in: Wilhelm Heitmeyer (Hrsg.): Deutsche Zustände. Folge 5, Frankfurt/M. 2007, S. 131-149, hier S. 146.

2 Zentralarchiv für Empirische Sozialforschung an der Universität zu Köln/ Zentrum für Umfragen, Methoden und Analysen: Allgemeine Bevölkerungsumfrage der Sozialwissenschaften. Datenhandbuch 2006, Köln/ Mannheim 2007, S. 7.

Jahren etwa 1000 aus den sogenannten „neuen" Bundesländern. Dabei gibt es ein gewisses „Standardprogramm", das
Bestandteil aller ALLBUS-Erhebungen ist: neben differenzierten Angaben zur Person und zur sozialen Situation der Befragten beispielsweise die klassische „Sonntagsfrage" („Wenn am
nächsten Sonntag Wahlen wären ..."), Fragen zur Beurteilung
der wirtschaftlichen Situation in Deutschland und der eigenen
wirtschaftlichen Lage, zur Angst vor Arbeitslosigkeit oder zu
den wichtigsten Aufgaben der Politik. Seit 1996 wird auch
regelmäßig erhoben, wie stolz die Befragten sind, Deutsche zu
sein. Außerdem behandeln die einzelnen Umfragen je spezifi-
sche Themenschwerpunkte.

So war ein zentrales Thema des 1996er ALLBUS die Einstellung der Deutschen gegenüber Ausländern und Minderheiten. Gefragt wurde u.a., wie der Zuzug verschiedener Zuwan-
derergruppen geregelt werden sollte, welche Fremden man lieber nicht zum Nachbarn haben möchte, wie verschiedene dis-
kriminierende Verhaltensweisen einzuschätzen seien (beispielsweise die Weigerung eines Wirtes, ausländische Gäste zu bedie-
nen), ob Ausländer besonders kriminell seien, den Deutschen
Arbeitsplätze und Wohnungen „wegnähmen" und ob man sich
angesichts der „vielen Ausländer in Deutschland" schon „als
Fremder im eigenen Land" fühle. Wir haben die Antworten in
unserer Studie „Der unbequeme Fremde"[1] intensiv ausgewertet
und dabei festgestellt, dass ablehnende und vorurteilsvolle
Haltungen gegenüber Ausländern in der deutschen Bevölkerung beunruhigend weit verbreitet waren. Bei 27 Prozent der
West- und 41 Prozent der Ostdeutschen konnten wir eine
deutlich fremdenfeindliche Einstellung ausmachen.

In der ALLBUS-Erhebung von 2006 wurden die Fragen zu
diesem Themenschwerpunkt erneut gestellt. Wir können so
untersuchen, ob und wie sich die Einstellungen der Deutschen

---

1 Klaus Ahlheim/Bardo Heger: Der unbequeme Fremde. Fremdenfeindlichkeit in Deutschland – empirische Befunde, Schwalbach/Ts. 1999.

gegenüber Fremden und Minderheiten – auch gegenüber Juden, denn beide Umfragen enthielten einige Fragen zum Problem des Antisemitismus – in den letzten zehn Jahren verändert haben. Zu beiden Erhebungszeitpunkten wurde zudem, wie schon erwähnt, nach dem Nationalstolz der Deutschen gefragt, sodass die ALLBUS-Daten dieser beiden Jahre besonders geeignet sind, den deutschen Nationalstolz und seine Nebenwirken, auch im zeitlichen Vergleich, genauer zu untersuchen. Schließlich enthält der ALLBUS des Jahres 2006 erstmals eine Frage, die auf unsere Anregung aufgenommen wurde: Wir hatten im Wintersemester 2000/2001 in einer Befragung an der Universität Essen bei den Studierenden ein weitverbreitetes Bedürfnis festgestellt, unter die nationalsozialistische Vergangenheit einen „Schlussstrich" zu ziehen[1], und diese Schlussstrich-Metalität war eng verbunden mit dem Wunsch, auch als Deutsche „endlich" wieder auf die eigene Nation und Nationalität stolz sein zu dürfen. Um untersuchen zu können, wie sich diese Befunde und Zusammenhänge in der deutschen Bevölkerung insgesamt darstellen, schlugen wir dem „ALLBUS-Ausschuss" vor, eine entsprechende Frage zum Schlussstrich unter die NS-Zeit in die 2006er Erhebung aufzunehmen. Für das Jahr 2006 kann so auch diese „Nebenwirkung" des deutschen Nationalstolzes analysiert werden.

Im vierten Kapitel vergleichen wir zudem den Stolz der Deutschen mit dem Nationalstolz ihrer europäischen Nachbarn. Wir greifen dafür auf Daten aus dem „International Social Survey Programme" (ISSP) zurück. Das ISSP ist ein weltweiter Forschungsverbund, der regelmäßig zu wechselnden Themen sozialwissenschaftliche Umfragen durchführt. In Deutschland werden die Fragen jeweils im Rahmen der ALLBUS-Erhebungen gestellt. Die ISSP-Umfrage 2003 hatte

---

1 Vgl. Klaus Ahlheim/Bardo Heger: Die unbequeme Vergangenheit. NS-Vergangenheit, Holocaust und die Schwierigkeiten des Erinnerns, Schwalbach/Ts. 2002.

den Themenschwerpunkt „Nationale Identität" und erhob dabei auch wesentliche Daten über die Einstellung der „einheimischen" Bevölkerung zu Migration und Migranten. An der Umfrage beteiligten sich 21 europäische Länder – die meisten davon Mitglieder der Europäischen Union – und 13 außereuropäische, wobei in jedem Land mindestens 1000 Personen befragt wurden. Die Auswertung der *europäischen* Daten wird deutlich machen, soviel sei hier vorweggenommen, dass der Stolz auf die eigene Nation nicht nur in Deutschland mit Nebenwirkungen verbunden ist. Nation und Exklusion, Nationalstolz und Fremdenfeindlichkeit sind ein ebenso deutsches wie europäisches Problem.

Der Stolz der Deutschen, deutsch zu sein

In der inzwischen berühmten, in der Zeit vom Mai 1979 bis April 1980 im Auftrag des Bundeskanzleramts durchgeführten und 1981 erschienenen SINUS-Studie über rechtsextremistische Einstellungen bei den Deutschen stehen ganz am Anfang des Kapitels über das „Inventar des rechtsextremen Weltbildes" einige Sätze, gegen die in den folgenden Jahrzehnten kaum jemand angeschrieben, an denen kaum ein Empiriker ernsthafte Zweifel angemeldet hätte. „Einen zentralen Stellenwert", heißt es da, „besitzen für fast alle untersuchten rechtsextremistischen Gruppen die Begriffe ‚Volk' und ‚Vaterland', die emotional sehr stark besetzt sind und von denen andere Werte abgeleitet werden. ‚Volk und Vaterland' spenden ... Sinn und Geborgenheit. Die krampfhafte Überhöhung dieser Werte kann gleichsam als ‚Kennzeichen' für Rechtsextremismus gelten."[1] Und wenige Seiten weiter heißt es dann ergänzend: „Entsprechend dem hohen emotionalen Stellenwert von ‚Volk', ‚Vaterland' und verwandten Begriffen sind die meisten Gesprächspartner stolz darauf, Deutsche zu sein. Begründet wird dies mit ‚typisch deutschen' Eigenschaften wie Fleiß, Strebsamkeit, Disziplin, Ordnung, Pflichtbewußtsein, Vaterlandliebe, Mut, Treue etc., aber auch mit Hinweisen auf besondere intellektuelle Fähigkeiten: ‚Volk der Dichter und Denker' ..."[2].

---

1 5 Millionen Deutsche: „Wir sollten wieder einen Führer haben ...". Die SINUS-Studie über rechtsextremistische Einstellungen bei den Deutschen, Reinbek bei Hamburg 1981, S. 42.
2 Ebd. S. 45.

Kein Geringerer als Roman Herzog, Bundespräsident von
1994 bis 1999, machte mit dem Krampfhaften ein Ende. Stil-
und meinungsbildend gleichermaßen sagte er in den Dankes-
worten nach seiner Wahl einen der wohl meistzitierten Politi-
kersätze der letzten Jahrzehnte: „Ich will Deutschland in den
nächsten fünf Jahren so repräsentieren, wie dieses Deutschland
wirklich ist: friedliebend, freiheitsliebend, leistungsstark, um
Gerechtigkeit zumindest bemüht, zur Solidarität bereit, tolerant, weltoffen und – was mir fast das Wichtigste erscheint –
unverkrampft"[1]. Unverkrampft ging schließlich die – lange
rot-grün bestimmte – Berliner Republik daran, ihre Außen-
und Interventionspolitik ins Werk zu setzen[2], und ganz unverkrampft begannen Feuilleton und Politik, zunächst noch von
nationaler Identität, dann immer mehr von Patriotismus und
Nationalstolz zu schwadronieren.

Debatten um den Nationalstolz

Im November 2000, auf der Herbsttagung des Bundeskrimi-
nalamts in Wiesbaden, kritisierte der CDU-Politiker und
stellvertretende Vorsitzende des Zentralrats der Juden in
Deutschland, Michel Friedman, die Haltung der deutschen
Gesellschaft gegenüber dem Rechtsextremismus. In weiten
Teilen der Gesellschaft, so Friedman damals, offenbar ohne
Widerspruch zu ernten, habe eine Enthemmung stattgefunden. „Ich habe keine Angst vor ein paar Neonazis in Springer-
stiefeln", stellte er fest. „Ich habe Angst vor den Sympathisan-
ten mit den lackierten Fingernägeln und in Abendgarderobe,

---

1 Roman Herzog: „Es ist ein Wunder, das wir erleben". Die Rede Herzogs
   nach der Wahl, in: „Frankfurter Allgemeine Zeitung" vom 25.05.1994,
   S. 4.
2 Zur nationalen „Normalisierung", zum Normalisierungsprozess vor allem
   der deutschen Außenpolitik seit 1989/90 vgl. Marcus Hawel: Die normalisierte Nation. Vergangenheitsbewältigung und Außenpolitik in Deutschland, Hannover 2007.

die ideologisch gar nicht mehr so entfernt sind von neuem Nationalismus und dem falschen Stolz, ein Deutscher zu sein."[1] Das war nur wenige Monate vor der unseligen, nicht nur von den Unionsparteien geführten Nationalstolz-Debatte im Frühjahr des Jahres 2001, die der Grüne Jürgen Trittin mit seiner – vielleicht ein wenig offensiv und unglücklich formulierten – Warnung vor der Übernahme rechter Klischees und Bekenntnis-Formeln ausgelöst hatte. Trittin hatte im März 2001 in einem WDR-Interview dem damaligen Generalsekretär der CDU Laurenz Meyer, der zuvor gegenüber einem Journalisten bekundet hatte, er sei stolz, ein Deutscher zu sein, attestiert, er habe „die Mentalität eines Skinheads und nicht nur das Aussehen"[2]. Wer das Bekenntnis „Ich bin stolz, ein Deutscher zu sein" als rechtsradikal brandmarke, so empörte sich daraufhin etwa der Unionsfraktionschef Friedrich Merz mit verblüffender Logik, der „verlässt die Gemeinsamkeit der Demokraten im Kampf gegen den Rechtsradikalismus und schlägt sich auf die Gegenseite"[3]. Der damalige FDP-Generalsekretär Guido Westerwelle pflichtete eifrig bei: „Auch ich bin stolz auf unser Land und verbitte mir, deshalb in die Nähe rechtsradikaler Schläger gerückt zu werden!"[4] Und der CSU-Landesgruppenchef Michael Glos fragte, „ob wir Deutsche für alle Zeit in Sack und Asche gehen müssen"[5].

„An der ständigen Wiederholung des Satzes ‚Ich bin normal'", so heißt es auf einer Sonderseite der „Frankfurter Rundschau" zur „Nationalstolz-Debatte", „erkennt man nicht den Normalen, sondern den Verrückten. Das hat die Deutschen

---

1 „Schily: Innenminister machen mobil gegen rechte Gewalt," in: „Oberhessische Presse" vom 22.11.2000.

2 Vgl. Susanne Höll: Trittin wirft Meyer Skinhead-Mentalität vor, in: „Süddeutsche Zeitung" vom 14.3.2001, S. 2.

3 Vera Gaserow: Noch einen Fehltritt hat Trittin wohl nicht mehr frei, in: „Frankfurter Rundschau" vom 17.3.2001, S. 1.

4 Ebd.

5 Ebd.

freilich nicht gehindert, ... National-Inventur zu machen und
auf der Suche nach dem ‚normalen' Patriotismus allen und
jedem – vom Graubrot über Rudi Völler bis zum Bundespräsidenten – einen Stolz-Koeffizienten zu verpassen."[1]

Schon ein Vierteljahr vorher übrigens hatte sich die PDS-
Vorsitzende Gabi Zimmer – freilich noch ein wenig vorsichtig,
aber mit Sinn für Populistisches – dem nationalen Problem
genähert und eine Aussöhnung der Linken mit dem Nationenbegriff gefordert. „Es kann doch nicht sein", so Zimmer
forsch, „dass wir in Zeiten zunehmenden Rechtsextremismus
in Deutschland sensible Themen den anderen überlassen. Die
Linke wird unglaubwürdig, wenn sie den Nationenbegriff
immer nur in Bezug auf andere Völker zulässt"[2]. Der damalige
PDS-Vize Diether Dehm assistierte, wandte sich gegen die
alberne „Verwechslung von ‚national' und ‚nationalistisch'",
warnte die Linke, den „Heimatschutz den rechten Rattenfän-
gern" zu überlassen, und warf allen Ernstes den Begriff des
„nationalen Internationalismus"[3] in die Debatte – ein eher
kurioser Beitrag im Kontext der reichlich großen National-
stolz-Koalition.

Im November 2002 erklärte dann Jörg Schönbohm, Innenminister und stellvertretender Ministerpräsident von Brandenburg, ein führender Konservativer der CDU, aber nach
gängigem Verständnis kein Rechtsextremer, in der „Jungen
Freiheit", dem Wochenblatt der Rechtsaußen-Intellektuellen[4],

---

1 „Frankfurter Rundschau" vom 29.3.2001, S. 8, Editorial zur Sonderseite
   „Die Nationalstolz-Debatte".

2 Gabi Zimmer: Die Linke muss auch einen Kampf um die Herzen der
   Leute führen, Interview in der „Frankfurter Rundschau" vom 27.12.2000,
   S. 5.

3 „Dehm bringt neuen Begriff ins Spiel", in: „Frankfurter Rundschau" vom
   30.12.2000, S. 5.

4 Vgl. dazu: Stephan Braun/Ute Vogt (Hrsg.): Die Wochenzeitung „Junge
   Freiheit". Kritische Analysen zu Programmatik, Inhalten, Autoren und
   Kunden, Wiesbaden 2007.

ganz und gar unverkrampft: Wir „sollten nach allem, was wir seit dem Krieg und seit der Wende aufgebaut haben, endlich lernen, wieder unbefangen stolz auf unser Land sein zu können"[1].

Schönbohm bleibt am Ball. Fast fünf Jahre später zeigt er sich, diesmal in einer angesehenen Tageszeitung, erfreut über ein Grundsatzpapier von vier jungen Unionspolitikern, die sich für konservative Werte stark machen[2]: Konservativ, das sei „ein Grundverständnis vom Leben, das ausgeht von der Familie, der Heimat, der Nation. Es ist eine Werteordnung, die ausgeht vom christlichen Menschenbild und bestimmten Verhaltensregeln, die sich an den preußischen Tugenden orientieren, zum Beispiel Fleiß und Zuverlässigkeit."[3]

Fast zeitgleich sagt der damalige bayerische Innenminister und designierte Ministerpräsident Günther Beckstein (CSU) in der „Bild am Sonntag", die vielen Politikern inzwischen offenbar auch als angesehen und seriös gilt, von sich: „Ich sehe es ganz persönlich als meine Aufgabe an, dass Menschen sich bei uns gut aufgehoben fühlen, die sagen: Ich bin stolz, ein Deutscher zu sein."[4] Und nicht zufällig heißt es wenige Sätze weiter: „Wir stehen für eine restriktive Zuwanderungspolitik. Und wer nach Deutschland kommt, muss die deutsche Spra-

---

1 „Die Union muß auf konservative Werte setzen". Jörg Schönbohm, Innenminister und Vize-Ministerpräsident von Brandenburg, über das „Tafelsilber" der Union, die drohende demographische Katastrophe der Deutschen und den Kampf gegen Rechts, Interview von Dieter Stein und Moritz Schwarz, in „Junge Freiheit" vom 15.11.2002, S. 4 f.

2 Vgl. Wulf Schmiese: „Konservativ im Herzen – progressiv im Geist". Junge Unionspolitiker kritisieren Parteiprogramm / Grundsatzpapier von Mappus, Söder, Mißfeld und Wüst, in: „Frankfurter Allgemeine Zeitung" vom 6.9. 2007, S. 4.

3 Zit. nach Holger Schmale: „Bürgerliche Werte sind wieder modern". CDU-Politiker Jörg Schönbohm begrüßt den Vorstoß der Jung-Konservativen in der Union, in: „Berliner Zeitung" vom 7.9.2007, S. 6.

4 „Die Rechte ist in der CSU willkommen." Bayerns Ministerpräsident Günther Beckstein über seine Ziele, Interview von Michael Backhaus, in: „Bild am Sonntag" vom 2.9.2007, S. 10.

che beherrschen und bereit sein, sich hier einzuordnen. Bei uns haben Kruzifix und Schulgebet ihren Platz in der Schule, aber nicht das Kopftuch als Ausdruck einer islamistischen Gesinnung."[1]

Die Konservativen, und nicht nur sie allein, rüsten fleißig sittlich auf. Im April 2007 erfährt eine immerhin noch halbwegs erstaunte Öffentlichkeit, dass der Justizminister Baden-Württembergs, Ulrich Goll (FDP), einen Gesetzentwurf zum Jugendstrafvollzug vorgelegt hat, in dem die „Ehrfurcht vor Gott" und die „Liebe zu Volk und Heimat" als verbindliche Erziehungsziele verordnet werden[2]. „Die jungen Gefangenen", heißt es da in § 22, „sind in der Ehrfurcht vor Gott, im Geiste der christlichen Nächstenliebe, zur Brüderlichkeit aller Menschen und zur Friedensliebe, in der Liebe zu Volk und Heimat, zu sittlicher und politischer Verantwortlichkeit, zu beruflicher und sozialer Bewährung und zu freiheitlicher demokratischer Gesinnung zu erziehen." Seit dem 1. August 2007 ist dieser Entwurf Gesetz.[3]

Schon vor der schwarz-rot-goldenen Euphorie des WM-Sommers 2006[4], auf die wir – „zeitnahe" Daten auswertend – noch ausführlicher eingehen werden, wird der „unverkrampfte" Patriotismus eines neuen Deutschlands auch literarisch salonfähig. Eckhard Fuhr zum Beispiel, Feuilletonchef der „Welt", schreibt gegen den „Furor des deutschen Selbsthasses" an, „der im Laufe der neunziger Jahre aus dem Milieu der akademischen Linken in die neuen ökonomischen Eliten ein-

---

1 Ebd.
2 Vgl. Heribert Prantl: „Ehrfurcht vor Gott, Liebe zu Volk und Heimat". Erziehen, fördern und die Allgemeinheit schützen: Was den Bundesländern in ihren Gesetzentwürfen zum Jugendstrafvollzug so alles einfällt, in: „Süddeutsche Zeitung" vom 13.4.2007, S. 7.
3 Gesetz über den Vollzug der Jugendstrafe in Baden-Württemberg (Jugendstrafvollzugsgesetz – JStVollzG).
4 Dazu zusammenfassend Norbert Seitz: Die Nachhaltigkeit eines neuen Patriotismus, in: Aus Politik und Zeitgeschichte, Heft 1-2/2007, S. 8-13.

gewandert" sei[1]. Und der Alt-Maoist[2] Matthias Matussek, bis vor kurzem Kulturchef des „Spiegel", sorgt mit seinem Paukenschlag „Wir Deutschen"[3] für Furore. „‚Nie wieder Deutschland'", klagt Matussek, „war über Jahrzehnte hinweg eine mehrheitsfähige Parole, zumindest unter deutschen Intellektuellen", und fährt dann ungelenk-bildhaft fort: „Ohne eine positive Identifikation mit unserer Nation, das haben viele Besonnene vom Bundespräsidenten abwärts kapiert, fliegt uns in den Zeiten der Globalisierung und der dschihadistischen Konfrontationen unser Land um die Ohren."[4]

Bisweilen gewinnt man in der politischen Debatte gar den Eindruck, dass sich Kritik an der neuen nationalen Euphorie kaum noch zu regen wagt. Das gesellschaftliche Klima hat sich in den letzten Jahren ganz offensichtlich radikal verändert und die Anpassung geschieht ganz nebenbei. So bittet etwa Christian Staffa, als Geschäftsführer von Aktion Sühnezeichen eigentlich über jeden Verdacht koservativ-rückwärtsgewandten Denkens erhaben, im September 2007 um weitere finanzielle Unterstützung, „damit wir unser Engagement zur Vermeidung der Irrwege von übersteigertem Nationalismus, Antisemitismus und Rassismus weiter verstärken können"[5]. Man muss solche Formulierungen genau lesen und ernst nehmen: Nicht Nationalismus ist mehr das Problem, nur vor dem „übersteigerten" wird gewarnt. Das sind verglichen mit früheren Debatten und politischen Selbstverständlichkeiten hierzulande schon deutliche Verschiebungen.

1 Eckhard Fuhr: Wo wir uns finden. Die Berliner Republik als Vaterland, Berlin 2005, S. 16.
2 Thomas Lindemann: Fast niemand mag ihn, in: „die tageszeitung" vom 27.12.2005.
3 Matthias Matussek: Wir Deutschen. Warum uns die anderen gern haben können, Frankfurt/M. 2006.
4 Matthias Matussek: „Ein neues deutsches Gefühl", „Spiegel Online", vom 1.6.2006 (www.spiegel.de/kultur/gesellschaft/0,1518,419214,00.html).
5 Christian Staffa: Editorial, in: zeichen, Heft 3/2007, S. 3.

Empirie der nationalen Wende

Gewissermaßen in einer Nachlese zur schwarz-rot-goldenen WM-Euphorie hält eine Allensbach-Untersuchung im Sommer 2006 fest, dass sich das Nationalgefühl der Deutschen seit der Deutschen Einheit „von Grund auf verändert"[1] habe. Die Skepsis gegenüber nationaler Begeisterung habe sich verflüchtigt und zwei Drittel der Deutschen seien stolz, Deutsche zu sein. Renate Köcher, Geschäftsführerin des Allensbacher Instituts für Demoskopie, präsentiert die Umfrageergebnisse in der „Frankfurter Allgemeinen Zeitung" und ist von diesen Trends offenbar mehr erfreut als beunruhigt, stellt sie doch mit Blick auf frühere Erhebungen des Instituts fest, es sei „schon immer die Position einer Minderheit" gewesen, dass „Nationalbewußtsein generell schädlich ist und dem Ressentiment gegenüber anderen Nationen Vorschub leistet. Mitte der neunziger Jahre waren noch 12 Prozent davon überzeugt, heute 5 Prozent." Wir werden in den folgenden Kapiteln noch zeigen, dass sich für solche „Minderheitenposition" durchaus gute – auch empirisch begründete – Argumente finden ließen.

Schaut man einmal in den „Allensbacher Jahrbüchern der Demoskopie" genauer nach, findet man den von Köcher vorgetragenen 90er-Jahre-Befund im Band 10 (1993-1997) im Abschnitt „Nationalgefühl und Selbstbild"[2]. Dort werden auch der genaue Wortlaut der Umfrage und ein Ergebnis zur selben Frage aus dem Jahr 1986 dokumentiert. Wir haben in der Tabelle 1 die Informationen aus dem „FAZ"-Artikel und dem Allensbacher Jahrbuch nebeneinandergestellt. Man könnte gewiss darüber streiten, ob die vom Allensbacher Institut gewähl-

---

1 Renate Köcher: Ein neuer Patriotismus? Das Fahnenmeer zur WM hat die meisten Deutschen – angenehm – überrascht, in: „Frankfurter Allgemeine Zeitung" vom 16.8.2006, S. 5.

2 Elisabeth Noelle-Neumann/Renate Köcher (Hrsg.): Allensbacher Jahrbuch der Demoskopie, Bd. 10: 1993-1997, München 1997, S. 481 ff.

Tabelle 1

„Positives Nationalbewußtsein" [1]

„Man kann heute ja verschiedene Aussagen über den Begriff National-
bewußtsein hören:
Die einen sagen: ‚Nationalbewußtsein ist etwas Schlechtes. Nationalbe-
wußtsein und Feindseligkeit gegenüber dem Ausland gehen Hand in
Hand.'
Die anderen sagen: ‚Nationalbewußtsein ist eine gute Eigenschaft, die mit
feindseligen Einstellung gegenüber dem Ausland gar nichts zu tun hat.'
Wem würden Sie zustimmen?"

| | Westdeutschland | | BRD insgesamt | |
	1986	1994	1994	2006
Nationalbewußtsein ist etwas Schlechtes	8 %	12 %	12 %	5 %
Nationalbewußtsein ist eine gute Eigenschaft	77 %	72 %	71 %	79 %
Unentschieden	15 %	16 %	17 %	16 %

Datenbasis: Umfragen des Instituts für Demoskopie Allensbach

ten Antwortalternativen sinnvoll „ausbalanciert" sind oder
schon rein rhetorisch eine der beiden Antworten nahelegen,
deutlich wird in jedem Fall, dass die Entwicklung, die Köcher
so geradlinig wie zustimmend beschreibt, erst 1994 einsetzt.
Auch eine Reihe weiterer Befunde früherer Allensbach-Befra-
gungen weisen darauf hin, dass der Stolz auf die Nation bis
etwa Mitte der 1990er Jahre leicht rückläufig war. Wir greifen
exemplarisch eine Frage heraus, die von 1971 bis 1996 regelmäßig in Allensbach-Umfragen gestellt wurde: „Sind Sie stolz
darauf, ein Deutscher zu sein?" „Unbedingt" meinten 43 Prozent der Befragten im Jahr 1971, 34 Prozent antworteten mit
„überwiegend" und 13 Prozent waren „unentschieden". Gera-

---

1 So lautet die vom Allensbacher Institut gewählte Überschrift der Tabelle,
  der wir den Fragetext und die Daten für die Jahre 1986 und 1994 ent-
  nommen haben (vgl. ebd. S. 483).

de 11 Prozent standen dem Nationalstolz ablehnend gegenüber und entschieden sich für die Antworten „eher nicht"
(7 Prozent) oder „gar nicht" (4 Prozent). Bis zum Jahr 1996
sank der Anteil der „unbedingt" Nationalstolzen dann nach
und nach auf 26 Prozent.[1] Doch der Trend eines allmählich
nachlassenden Nationalstolzes ist mittlerweile ganz offensichtlich umgeschlagen.

Inzwischen gibt es eine Reihe empirischer Befunde, die
darauf hinweisen, dass der Stolz auf die eigene Nation und
Nationalität wieder zunimmt. So waren wir selbst von den
Ergebnissen einer Befragung recht überrascht, die wir im
Wintersemester 2000/2001 unter Essener Studierenden durchgeführt hatten[2]. Der Fragebogen, der in erster Linie die Einstellungen der Studierenden zum Umgang mit der NS-Vergangenheit thematisierte – auf einige Befunde werden wir
im fünften Kapitel über „Schlussstrich-Mentalität und Antisemitismus" noch zurückkommen – enthielt auch zwei Fragen
zum Nationalbewusstsein. Eine nahm unmittelbar Bezug auf
das Hauptthema der Studie: „Die Deutschen", so die Aussage,
die auf einer vierstufigen Antwortskala zu beurteilen war,
„sollten endlich wieder ein gesundes Nationalbewusstsein
entwickeln. Andere Nationen mit dunklen Kapiteln in ihrer
Geschichte können das schließlich auch." Diese Position fand
unter den Studierenden der Essener Universität eine deutliche
Mehrheit. 19 Prozent von ihnen stimmten „völlig" und
41 Prozent „eher zu". Die zweite Frage hatten wir aus einer
früheren Studie an hessischen Universitäten übernommen.
Alex Demirović und Gerd Paul hatten die hessischen Studie-

---

1 Alle Ergebnisse stammen aus Befragungen in Westdeutschland; vgl. ebd.
S. 484 und Elisabeth Noelle-Neumann/Renate Köcher (Hrsg.): Allensbacher
Jahrbuch der Demoskopie, Bd. 9: 1984-1992, München u.a. 1993, S. 394.

2 Klaus Ahlheim/Bardo Heger: Die unbequeme Vergangenheit. NS-Vergangenheit, Holocaust und die Schwierigkeiten des Erinnerns, Schwalbach/Ts.
2002; an der schriftlichen Befragung beteiligte sich ein repräsentativer
Querschnitt von insgesamt 2167 Studierenden.

renden im Jahr 1994 u.a. danach gefragt, ob sie die „Stärkung der deutschen Identität" für ein wichtiges politisches Ziel halten[1]. Die Einstellungen der jungen Akademiker hatten sich in wenigen Jahren drastisch verändert. Während von den 1994 in Hessen befragten Studierenden nur 14 Prozent für eine „Stärkung der deutschen Identität" votierten, waren es sechs Jahre später in unserer Essener Untersuchung bereits 39 Prozent. Für den gleichen Zeitraum stellte eine Jugendstudie in Nordrhein-Westfalen eine nicht minder auffällige Zunahme des Nationalstolzes unter Jugendlichen und jungen Erwachsenen fest. Danach war zwischen 1993 und 2000 unter den 14- bis 25-Jährigen der Anteil jener, die „stolz" oder „sehr stolz" sind, Deutsche zu sein, von 29 auf 47 Prozent gestiegen[2].

Auch die ALLBUS-Daten der letzten zehn Jahre signalisieren, dass der Nationalstolz hierzulande seit Mitte der 1990er Jahre wieder auf wachsenden Zuspruch stößt. Waren 1996 63 Prozent der Deutschen „ziemlich" oder sogar „sehr stolz", Deutsche zu sein, so sind es im Jahr 2006 bereits 73 Prozent[3]. Der neue öffentliche Nationalstolzdiskurs der letzten Jahre kann ganz offensichtlich der Zustimmung großer Teile der Deutschen sicher sein, wobei man freilich im Auge behalten muss, dass sich die politische Debatte, das von den Politikern und Feuilletonisten Gewollte und Forcierte, und die Einstellungen in der Bevölkerung gegenseitig durchaus bedingen, kritischer formuliert, auch hochschaukeln können.

---

1 Alex Demirović/Gerd Paul: Demokratisches Selbstverständnis und die Herausforderung von rechts. Student und Politik in den neunziger Jahren, Frankfurt/New York 1996, S. 273.

2 Vgl. Ministerium für Frauen, Jugend, Familie und Gesundheit des Landes Nordrhein-Westfalen (Hrsg.): Rechtsextremismus und Gewalt. Ergebnisse einer Repräsentativbefragung bei Jugendlichen, Düsseldorf 2001, S. 148.

3 Dass die in der Tabelle 2 ausgewiesenen 22 Prozent „sehr" und 50 Prozent „ziemlich" Stolzen zusammengenommen nicht 72, sondern 73 Prozent der Befragten ausmachen, ist auf einen „Rundungsfehler" zurückzuführen.

Tabelle 2

Stolz, ein Deutscher zu sein

„Würden Sie sagen, dass Sie: sehr stolz, ziemlich stolz, nicht sehr stolz oder überhaupt nicht stolz darauf sind, ein(e) Deutsche(r) zu sein?"

	sehr stolz	ziemlich stolz	nicht sehr stolz	überhaupt nicht stolz
1996	19 %	44 %	23 %	14 %
1998	18 %	51 %	22 %	8 %
2000	23 %	49 %	21 %	7 %
2002	20 %	48 %	22 %	10 %
2004	15 %	50 %	25 %	9 %
2006	22 %	50 %	20 %	7 %

Datenbasis: ALLBUS 1996-2006

„Ich bin stolz, ein Deutscher zu sein" – eine Zeit lang hatte dieser Satz vor allem als trotziges Erkennungsmerkmal auf den T-Shirts rechter Skinheads, als Propagandasatz der neuen Nazis Karriere gemacht. Auch wenn die weiter oben vorgestellten Umfrageergebnisse zeigen, dass die Deutschen, wenn man sie danach fragte, schon in den 1970er Jahren mehrheitlich angaben, auf ihr Deutschsein stolz zu sein, war der Hang, dies ungefragt öffentlich zu äußern, doch weit weniger verbreitet als in jüngerer Zeit, und der Satz „Ich bin stolz, ein Deutscher zu sein" fand entsprechend bis Mitte der 1990er Jahre auch noch Eingang in Fragebogen, mit denen die Verbreitung rechtsextremer Einstellungen in der Bevölkerung eruiert werden sollte, beispielsweise in die „Rechtsextremismus-Skala" von Jürgen W. Falter[1]. Inzwischen freilich ist die Frage nach dem Stolz, Deutscher bzw. Deutsche zu sein, aus den Rechts-

---

1 Vgl. Jürgen W. Falter: Wer wählt rechts? Die Wähler und Anhänger rechtsextremistischer Parteien im vereinigten Deutschland, München 1994, S. 136 ff.

extremismus-Fragebogen verschwunden, es wäre ja auch nicht leicht zu begründen, warum eine Haltung, die von fast drei Vierteln der Bevölkerung geteilt, die regelmäßig von Politikern bekundet und in den Medien zustimmend kommentiert wird, gleichwohl und immer noch eine *extreme* sein sollte[1]. In einem Fragebogen, der im März 2001 von mehreren Wissenschaftlern auf einer „Expertenkonferenz" entwickelt und der Wissenschaftlergemeinschaft zur weiteren Nutzung empfohlen wurde[2], kommt der Stolz aufs Deutschsein jedenfalls nicht mehr vor. Und es kennzeichnet das aktuelle politische Meinungsklima hierzulande, wenn die wissenschaftliche Expertenkommission den Begriff „Nationalismus" vermied und jene Fragen, die eben den nationalistischen Aspekt rechtsextremer Ideologie erfassen sollten, lieber unter dem Oberbegriff „Chauvinismus" zusammenfasste, um, wie Richard Stöss u.a. berichten, „eine klare Grenzziehung zu patriotischen oder nationalen Gesinnungen, die sich nicht gegen Demokratie richten, zu erreichen"[3]. Ebenso bezeichnend sind freilich die Ergebnisse, die Stöss u.a. im April 2003 in einer großen repräsentativen Stichprobe mit dem neuen Fragebogen ermittelten.[4] 41 Prozent der Befragten forderten, wir „sollten endlich wieder Mut zu einem starken Nationalgefühl haben", 44 Prozent teilten die Position, „was unser Land heute braucht, ist ein hartes und energisches Durchsetzen deutscher Interessen gegenüber dem Ausland" und 45 Prozent meinten, es sollte das „oberste Ziel der deutschen Politik" sein, „Deutschland die Macht und Geltung zu verschaffen, die ihm zusteht". Selbst der Begriff der „Volksge-

---

1 Vgl. dazu Klaus Ahlheim: Das Ausmaß ist auch eine Frage der Messung. Eine Glosse aus Anlass neuerer Erhebungen zum Rechtsextremismus, in: Praxis Politische Bildung, Heft 4/2005, S. 275-278.
2 Vgl. Richard Stöss/Michael Fichter/Joachim Kreis/Bodo Zeuner: Projekt „Gewerkschaften und Rechtsextremismus", Abschlussbericht, Berlin 2004, S. 86.
3 Ebd. S. 87.
4 Vgl. ebd. S. 87 ff.

meinschaft" wirkt da kaum abschreckend, trifft im Gegenteil – noch oder wieder – bei gut einem Drittel der Deutschen auf Zustimmung: 37 Prozent der Befragten waren davon überzeugt, Deutschland brauche „eine einzige starke Partei, die die Volksgemeinschaft insgesamt verkörpert".

Solche Befunde stehen in deutlichem Kontrast zu dem in letzter Zeit gern propagierten „neuen", harm- und arglosen Nationalgefühl der Deutschen. Wir werden in den folgenden Kapiteln über Fremdenfeindlichkeit, Schlussstrich-Mentalität und Antisemitismus zeigen, dass der in den letzten Jahren wieder zunehmende Nationalstolz der Deutschen in der Tat mit einigen nicht unbedenklichen „Nebenwirkungen" verbunden ist, die in ihrer Verbreitung eindeutig abhängen von der Intensität des gemessenen Nationalstolzes. Und spätestens bei den „sehr stolzen" Deutschen, nach den ALLBUS-Daten von 2006 immerhin ein Fünftel der Befragten, werden Stolz und Nebenwirkungen zu einem Problem. Wo sind nun diese sehr, vielleicht auch übertriebenen Nationalstolzen zu finden?

Auch die Jungen sind wieder stolz

Ein besonders bemerkenswerter Trend wird bei einer nach Alter differenzierten Auswertung sichtbar (vgl. Abbildung 1). Für das Jahr 1996 ergibt diese Differenzierung noch einen recht eindeutigen Befund: Damals fanden sich, in den alten wie in den neuen Bundesländern, die „sehr stolzen" Deutschen vor allem unter den älteren Jahrgängen und ihr Anteil war, je jünger die Altersgruppe, desto geringer. Man kann in dem leichten Anstieg bei den 18- bis 25-jährigen Westdeutschen (10 Prozent im Vergleich zu 7 Prozent bei den 26- bis 35-Jährigen) bereits 1996 einen ersten Hinweis auf eine mögliche Trendwende im Westen sehen, inzwischen jedenfalls ist diese Trendwende in Westdeutschland unübersehbar: In den beiden jüngsten Altersgruppen (18 bis 25 und 26 bis 35 Jahre) hat sich von 1996 bis 2006 der Anteil der „sehr stolzen" Befragten mehr als verdoppelt, liegt nunmehr bei 21 Prozent und damit höher als in den folgenden Alterskohorten (17 Prozent der 36- bis 45-Jährigen und 18 Prozent der 46- bis 55-Jährigen sind „sehr stolz", Deutsche zu sein). Deutlich höhere Anteile „sehr

Abbildung 1

Alter und Nationalstolz

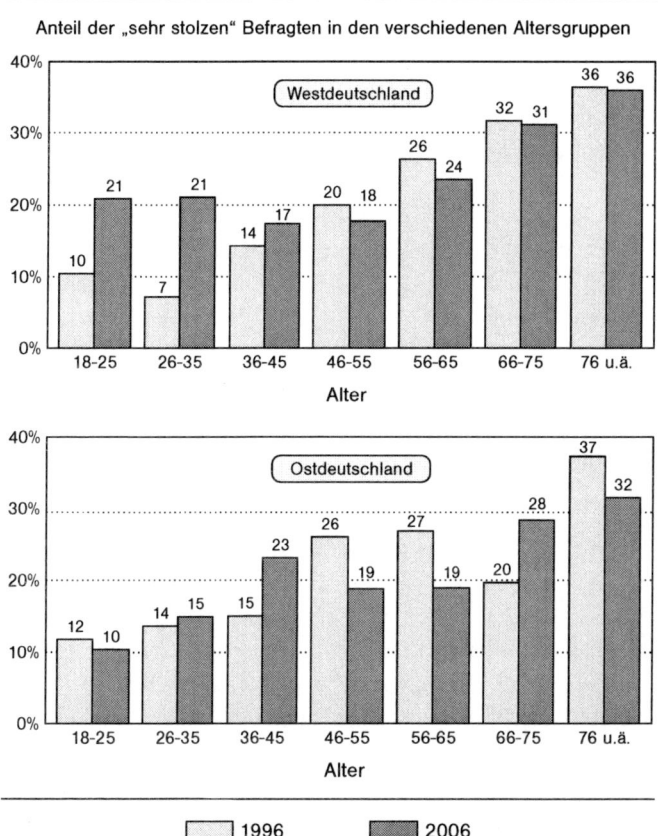

Anteil der „sehr stolzen" Befragten in den verschiedenen Altersgruppen

Datenbasis: ALLBUS 1996 und 2006

stolzer" Deutscher finden sich jetzt nur noch unter den Befragten ab 66 Jahren. Damit ist ein besonders großer Nationalstolz zwar auch im Westen der Republik noch immer kein Jugendproblem, denn am ausgeprägtesten ist solcher Stolz ja nach wie vor unter den Deutschen im Rentenalter, aber die Jungen haben in den letzten zehn Jahren doch ziemlich „aufgeholt".

Derselbe Trend zeichnet sich in verschiedenen Umfragen des Allensbacher Instituts für Demoskopie ab. In den bisher veröffentlichten „Jahrbüchern der Demoskopie" (das jüngste erschien im Jahr 2002) zeigte sich bei Fragen zum Nationalbewusstsein die größte Zustimmung regelmäßig bei den älteren Befragten, während die Jüngeren Begriffen wie Nationalstolz oder Vaterlandsliebe distanzierter gegenüberstanden. Auf die in Tabelle 1 (s.o., S. 21) dokumentierte Frage antworteten beispielsweise nur 7 Prozent der Befragten ab 60 Jahren und immerhin 21 Prozent der 16- bis 29-Jährigen, dass Nationalbewusstsein „etwas Schlechtes" sei. Umgekehrt meinten „nur" 57 Prozent der Jungen, aber 79 der Alten, Nationalbewusstsein sei „eine gute Eigenschaft"[1]. Die schon erwähnte aktuelle Allensbach-Umfrage vom Sommer 2006 kommt nun zu einem gegenteiligen Befund. Gerade von den Befragten unter 30 Jahren hatten z.B. besonders viele das „Gemeinschaftsgefühl" während der Fußball-WM „genossen", selbst „eine deutsche Fahne oder andere Dinge mit den Nationalfarben getragen oder angebracht". Und gerade in dieser Altersgruppe meinten nur wenige, dass es „gefährlich" sei, „wenn die Deutschen ein solches Nationalgefühl entwickeln", und dass es „die deutsche Geschichte weitgehend verbiete, hier Nationalgefühl und nationale Symbole zu pflegen"[2]. Der Stolz auf die Nation, so kann

---

1 Vgl. Elisabeth Noelle-Neumann/Renate Köcher (Hrsg.): Allensbacher Jahrbuch der Demoskopie, Bd. 10: 1993-1997, München 1997, S. 483.

2 Renate Köcher: Ein neuer Patriotismus?, in: „Frankfurter Allgemeine Zeitung" vom 16.8.2006, S. 5.

man festhalten, der in den 1970er und 1980er Jahren langsam, aber stetig an Zuspruch einbüßte, gewinnt inzwischen wieder neue Anhänger, und das vor allem unter den jüngeren Deutschen.

Diese Entwicklung gilt eindeutig und soweit wir es anhand der ALLBUS-Daten untersuchen können, zumindest für den Westen der Republik. Etwas anders stellt sich die Entwicklung im Osten dar, wo sich kein eindeutiger Trend ausmachen lässt (vgl. Abbildung 1). Einer Zunahme an „sehr Stolzen" in den Altersgruppen „36 bis 45 Jahre" und „66 bis 75 Jahre" steht ein Rückgang unter den 46- bis 65-Jährigen gegenüber. Insgesamt ist, anders als im Westen, nach wie vor ein deutliches „Altersgefälle" zu erkennen: Während von den über 75-Jährigen Ostdeutschen 32 Prozent „sehr stolz" sind, Deutsche zu sein, sagen das von den 18- bis 25-Jährigen nur 10 Prozent. Dies führt dann im Ost-West-Vergleich für das Jahr 2006 zu einem auffälligen Befund: Unter den jüngeren Befragten (bis 35 Jahre) sind die besonders Nationalstolzen im Westen deutlich stärker vertreten als im Osten. Nimmt man alle Altersgruppen zusammen, ist allerdings nur noch ein sehr schwacher „Vorsprung" der West- gegenüber den Ostdeutschen festzustellen (23 gegenüber 21 Prozent „sehr Stolze").

Eine Differenzierung nach Geschlecht ergibt übrigens, das sei zumindest kurz erwähnt, keinen signifikanten Befund. In Westdeutschland ist der Anteil der „sehr stolzen" Deutschen unter den Männern etwas größer (24 Prozent im Vergleich zu 22 Prozent bei den Frauen), in Ostdeutschland unter den Frauen (22 Prozent gegenüber 19 Prozent bei den Männern).

In allen Parteien: sehr stolze Deutsche

Ein weiterer interessanter Trend zeigt sich, wenn man die Parteienpräferenz der Befragten mit der Antwort auf die Nationalstolz-Frage kombiniert. Den so zu Tage tretenden Befund kann man wohl nicht zuletzt als „Erfolg" der verschiedenen

Nationalstolzdebatten und -kampagnen werten, die wir zu
Beginn dieses Kapitels in typischen Auszügen und Äußerungen dokumentiert haben und an denen sich ja Vertreter und
Vertreterinnen aller Parteien mehr oder weniger emsig beteiligten – bisweilen mit dem expliziten Hinweis, dass man diese
Debatten schließlich nicht „den Rechten" überlassen dürfe.
Und in der Tat ist der Stolz, Deutscher bzw. Deutsche zu sein,
auch in seiner besonders stark ausgeprägten Form („sehr
stolz") in der politischen Mitte angekommen und ganz und
gar kein Problem (mehr) des rechten Randes. Die Abbildung 2
belegt das mit Hilfe der berühmten „Sonntagsfrage": „Wenn
am nächsten Sonntag Bundestagswahl wäre, welche Partei

Abbildung 2

Parteienpräferenz und Nationalstolz

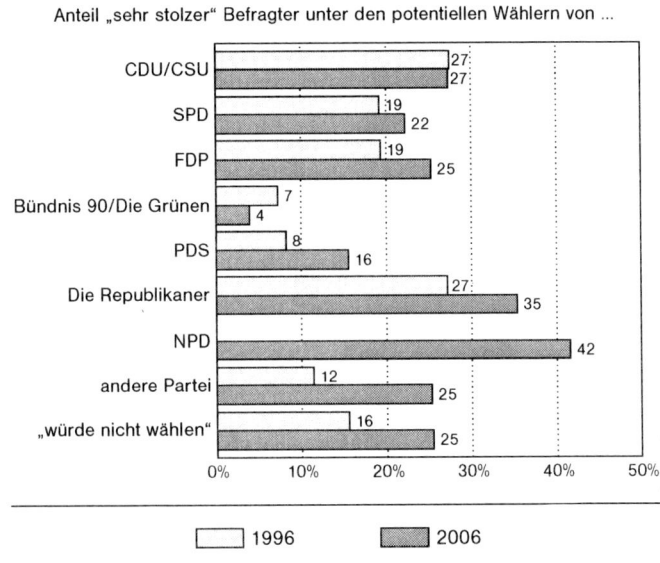

Anteil „sehr stolzer" Befragter unter den potentiellen Wählern von …

Partei	1996	2006
CDU/CSU	27	27
SPD	19	22
FDP	19	25
Bündnis 90/Die Grünen	7	4
PDS	8	16
Die Republikaner	27	35
NPD		42
andere Partei	12	25
„würde nicht wählen"	16	25

☐ 1996   ▨ 2006

Datenbasis: ALLBUS 1996 und 2006

würden Sie dann mit Ihrer Zweitstimme wählen?" Natürlich
sind die „sehr stolzen" Deutschen unter den Wählern von
Rechtsaußen-Parteien in besonderer Dichte vertreten. Unter
den Wählern der inzwischen eher unbedeutenden „Republikaner" (für die uns Daten aus den Jahren 1996 und 2006 vorlie-
gen) und der NPD, die vor allem im Osten Deutschlands
Parteigänger gewinnt und Gesinnungsfreunde aktiviert (von
ihr liegen nur die Daten von 2006 vor), machen die „sehr
stolzen" Deutschen nach den Zahlen der ALLBUS-Befragung
von 2006 gut 35 bzw. 42 Prozent aus. Aber auch bei den „demokratischen" bzw. etablierten Parteien gibt es viele (in absoluten Zahlen viel mehr als bei den Wählern rechtsextremer
Parteien), die „sehr stolz" sind, Deutsche zu sein, und das mit
steigender Tendenz. Rückläufig ist der Anteil der besonders
Nationalstolzen lediglich bei den Wählern von Bündnis 90/
Die Grünen (von 7 auf 4 Prozent). Bei der CDU/CSU waren
es 1996 und 2006 gleichbleibend 27 Prozent, gestiegen aber
sind die sehr Nationalstolzen unter den potentiellen Wählern
der SPD (von 19 auf 22 Prozent), der FDP (von 19 auf 25
Prozent) und auffallend deutlich bei den Wählern der PDS
(von 8 auf 16 Prozent).

Der sehr große und, wie wir noch zeigen werden, folgenrei-
che Nationalstolz ist unter den Wählern aller Parteien also
reichlich vertreten. Und er nimmt auch in der politischen
„Mitte" zu. Das zeigt die Abbildung 3 (S. 32) noch einmal
deutlich. Sie kombiniert die Antwort auf die Nationalstolz-
Frage mit der sogenannten „Links-Rechts-Selbsteinstufung" der
Befragten. „Viele Leute", so der Wortlaut der entsprechenden
ALLBUS-Frage, „verwenden die Begriffe ‚links' und ‚rechts',
wenn es darum geht, unterschiedliche politische Einstellungen
zu kennzeichnen". Und weiter: „Wir haben hier einen Maßstab, der von links nach rechts verläuft. Wenn Sie an Ihre eigenen politischen Ansichten denken, wo würden Sie diese Ansichten auf dieser Skala einstufen?" Dabei interessiert uns nun
im vorliegenden Kontext nicht die Verteilung der „politischen

Ansichten" auf dieser Skala (sie hat sich, soviel sei kurz mitge-
teilt, in den letzten zehn Jahren kaum verändert und sie hat
einen deutlichen Schwerpunkt im mittleren Bereich), sondern
die Frage, wie hoch unter Befragten, die sich einer bestimmten
politischen Position zuordnen, der Anteil der „sehr stolzen"
Deutschen ist. Der in der Abbildung dokumentierte Befund
unterstreicht noch einmal, was bei Analyse der Parteienpräfe-
renzen schon deutlich wurde: Zwar ist der sehr große Nationalstolz nach wie vor am politisch rechten Rand besonders
stark vertreten, er ist aber auch im gesamten übrigen politischen Spektrum anzutreffen und nimmt in den letzten Jahren
gerade in der Mitte und unter Befragten, die ihre politischen
Einstellungen (eher) links einordnen, auffällig zu.

Es hat also offenbar, so kann man die bisherigen empirischen Ergebnisse zusammenfassen, tatsächlich so etwas wie

Abbildung 3

Politische Orientierung und Nationalstolz

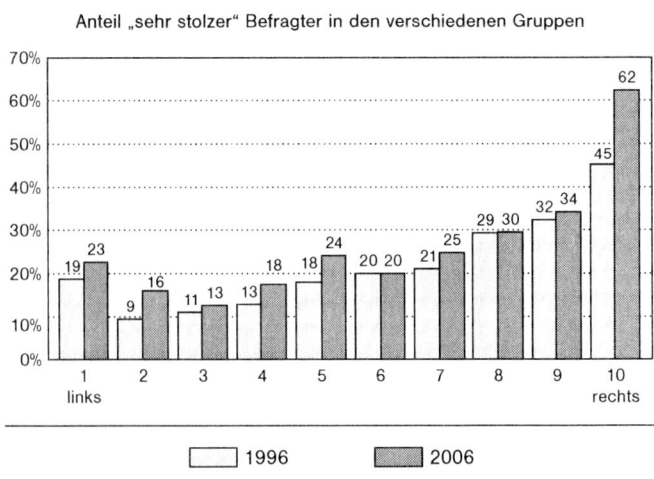

Anteil „sehr stolzer" Befragter in den verschiedenen Gruppen

Datenbasis: ALLBUS 1996 und 2006

eine „Normalisierung" im deutschen Nationalbewusstsein stattgefunden. Der Stolz, Deutscher bzw. Deutsche zu sein, ist mitte- und mehrheitsfähig geworden, weder auf den rechten Rand, noch auf die „Ewiggestrigen" beschränkt. Gleichwohl lassen sich unter den Befragten bestimmte Gruppen ausmachen, in denen der Nationalstolz besonders stark ausgeprägt ist, und andere, die damit eher wenig anfangen können. Bemerkenswerte Unterschiede zeigen sich beispielsweise, wenn man die Befragten nach ihrem sozialen Status differenziert.

Nationalstolz als Kompensation?

Zum sozialen Status der Befragten stehen im ALLBUS recht umfangreiche und differenzierte Angaben zur Verfügung. Wir greifen im Folgenden aus der aktuellen Erhebung des Jahres 2006 drei Indikatoren exemplarisch heraus: die sogenannte „subjektive Schichteinstufung" der Befragten, ihren Schulabschluss und ihre Erfahrung mit Arbeitslosigkeit. Die Ergebnisse – so kann man vorwegnehmen – zeigen alle in dieselbe Richtung: Der Stolz auf die eigene Nationalität ist regelmäßig dort am stärksten ausgeprägt, wo die soziale Realität am wenigsten zu bieten hat, zeigt sich vor allem unter den Verlierern des gesellschaftlichen Modernisierungs- und Selektionsprozesses.

Die Abbildung 4 (S. 34) unterteilt die Befragten nach der sozialen Schicht, der sie sich selbst zuordnen. „Es wird heute", so lautete die entsprechende Frage, „viel über die verschiedenen Bevölkerungsschichten gesprochen. Welcher Schicht rechnen Sie sich selbst eher zu?" Für jede Gruppe ist wiederum der Anteil derer dargestellt, die „sehr stolz" sind, Deutsche zu sein – und der steigt kontinuierlich an, je niedriger die Befragten ihren sozialen Status einschätzen, von 10 Prozent der Befragten, die sich der Oberschicht zuordnen, bis auf 32 Prozent bei jenen, die sich zur Unterschicht zählen.

Abbildung 4

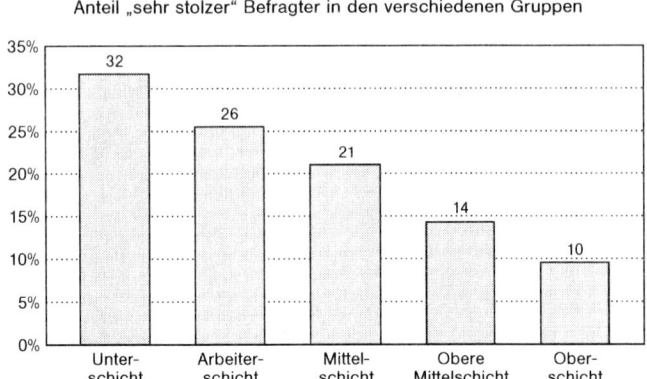

Schichtzugehörigkeit und Nationalstolz

Anteil „sehr stolzer" Befragter in den verschiedenen Gruppen

Datenbasis: ALLBUS 2006

Der Befund fällt ebenso deutlich aus, wenn man die Befragten nach ihrer formalen Schulbildung differenziert (vgl. Abbildung 5), und er bestärkt die Vermutung, dass zu besonders ausgeprägtem Nationalstolz vor allem diejenigen neigen, die sonst wenig haben, worauf sie stolz sein könnten. Der Anteil der „sehr stolzen" Deutschen reicht bei dieser Unterteilung von knapp 10 Prozent bei den Befragten mit Abitur bis zu gut 36 Prozent bei den Befragten ohne Abschluss. Natürlich ist – wir werden darauf im nächsten Kapitel noch einmal zurückkommen – der erreichte Schulabschluss nicht nur ein Indikator für den sozialen Status, ist der längere Schulbesuch auch mit dem Erwerb umfangreicheren und differenzierteren Wissens verbunden, das möglicherweise dazu beiträgt, der schlichten Aufteilung der Welt in „deutsch" und „nicht-deutsch", die ja jedem Nationalstolz zugrunde liegt, mit einer gewissen Skepsis zu begegnen. Doch dürfte der starke Zusammenhang von Nationalstolz und Schulbildung auch wesentlich damit zu tun

Abbildung 5

Schulbildung und Nationalstolz

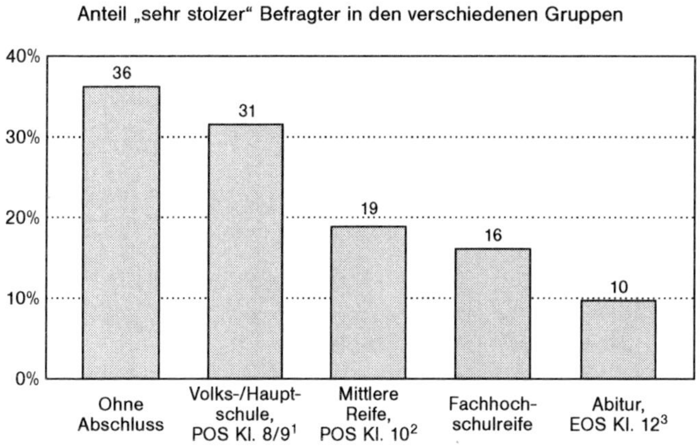

Anteil „sehr stolzer" Befragter in den verschiedenen Gruppen

Datenbasis: ALLBUS 2006

haben, dass sich viele Befragte mit niedrigerem Bildungs-
abschluss der zentralen Rolle, die die Schulbildung bei der
Zuweisung sozialer Chancen und gesellschaftlicher Anerken-
nung spielt, durchaus bewusst sind[4] und dieses „Defizit" durch
einen betonten Nationalstolz zu kompensieren suchen.

In einer Schülerbefragung, die Wolfgang Melzer und Wilfried Schubarth Mitte der 1990er Jahre im Rahmen eines For-

---

1 Polytechnische Oberschule mit Abschluss 8. oder 9. Klasse.
2 Polytechnische Oberschule mit Abschluss 10. Klasse.
3 Erweiterte Oberschule mit Abschluss 12. Klasse.
4 Vgl. dazu auch die empirischen Befunde von Wolfgang Schulenberg u.a.,
   die in den 1970er Jahren bei 27 Prozent der westdeutschen Bevölkerung
   ein „manifestes Schultrauma" feststellten, eine tiefsitzende Unzufriedenheit
   mit dem eigenen Bildungsweg verbunden mit einem Gefühl der Benach-
   teiligung angesichts verpasster und vorenthaltener schulischer Chancen
   (Wolfgang Schulenberg u.a.: Soziale Faktoren der Bildungsbereitschaft Erwachsener, Stuttgart 1978, S. 153 ff.).

schungsprojekts zur „Gewalt an Schulen" in sächsischen Schulen aller Schulformen durchgeführt haben[1] – den Datensatz stellten uns die Autoren freundlicherweise zur Verfügung – haben wir einen kleinen Befund gewonnen, der uns mitteilenswert scheint, auch angesichts der allenthalben verbreiteten Forderung, alle Flüchtlinge und Asylbewerber hätten doch möglichst rasch und gründlich die deutsche Sprache zu lernen. Wir haben die Jugendlichen anhand ihrer *Deutschnote* in fünf Gruppen eingeteilt (wobei wir die „5er-" und die „6er-Kandidaten" zu einer Gruppe zusammengefasst haben, weil die Note 6 kaum vorkam) und dann für jede Gruppe den Anteil derer berechnet, die meinten, der Satz „Ich bin stolz, ein/e Deutsche/r zu sein" stimme „ganz genau". Das Ergebnis ist nach den bisherigen Befunden kaum mehr überraschend, fällt aber erstaunlich deutlich aus und bringt, wie wir meinen, die kompensatorische Funktion eines ausgeprägten Nationalstolzes besonders prägnant auf den Punkt (vgl. Abbildung 6): Gerade unter jenen Jugendlichen, denen im letzten Zeugnis nur marginale Kenntnisse und Fähigkeiten im Umgang mit der deutschen Sprache bescheinigt wurden, ist der ungebrochene Stolz, Deutscher bzw. Deutsche zu sein, am weitesten verbreitet.

Auch für Arbeitslosigkeit kann Nationalstolz offenbar „entschädigen". Wir haben auf der Basis der ALLBUS-Daten von 2006 die Befragten im „Erwerbsalter" eingeteilt in Personen, die zum Zeitpunkt der Umfrage arbeitslos waren, die befürchteten, arbeitslos zu werden oder früher arbeitslos waren, und in eine Gruppe der Antwortenden, die nie arbeitslos waren, auch keine Angst vor Arbeitslosigkeit kennen, und dann wiederum den Anteil der „sehr stolzen" Deutschen in diesen Gruppen er-

---

1 Befragt wurden Ende 1995/Anfang 1996 gut 3000 Schüler und Schülerinnen; vgl. Wolfgang Melzer/Wilfried Schubarth: Gewalt als soziales Problem an Schulen, Opladen 2006, S. 37 ff.; in der parallel in Hessen durchgeführten Erhebung (vgl. Klaus-Jürgen Tillmann u.a.: Schülergewalt als Schulproblem, Weinheim/München 2007) wurde nach dem Nationalstolz leider nicht gefragt.

mittelt. Das Ergebnis ist auch hier eindeutig (vgl. Abbildung 7, S. 38). Unter denen, die nie etwas mit Arbeitslosigkeit zu tun hatten, sind deutlich weniger Personen mit starkem Nationalstolz zu finden als unter den Arbeitslosen. Arbeitslosigkeit, so kann man festhalten, aktuelle wie frühere, „fördert" die Neigung zu starkem Nationalstolz, auch die Furcht schon vor drohender Arbeitslosigkeit wirkt in diese Richtung. Es sind nicht nur, aber in besonderem Maße die Arbeitslosen, die Verlierer im Globalisierungs- und Modernisierungsprozess, die etwas suchen, auf das sie gleichwohl stolz sein können, vor und unabhängig von allem eigenen Verdienst und trotz sozialen Abstiegs und gesellschaftlicher Deklassierung – sie finden es in der eigenen Nation, im Deutschsein. Und diese Form von Kompensation, vielleicht gar Eskapismus wird von den Gewinnern des neoliberalen weltweiten Kapitalismus – sie

Abbildung 6

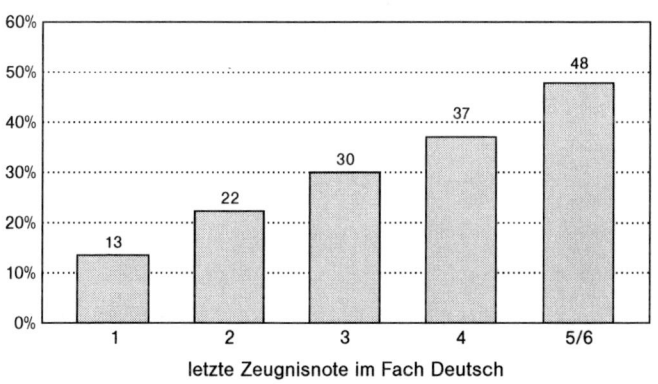

Deutschnote und Nationalstolz

Anteil der Schülerinnen und Schüler, die meinten,
der Satz „Ich bin stolz, ein/e Deutsche/r zu sein" stimme „ganz genau"

letzte Zeugnisnote im Fach Deutsch

Datenbasis: Schülerbefragung 1995/96

Abbildung 7

Arbeitslosigkeit und Nationalstolz

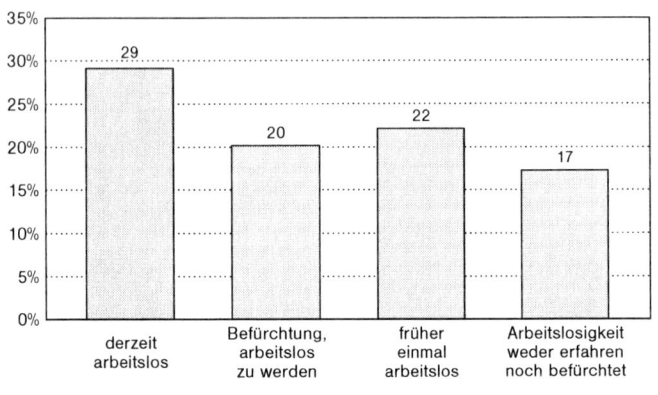

Anteil „sehr stolzer" Befragter in den verschiedenen Gruppen
(nur Befragte im Alter von 18 bis 65 Jahren)

Datenbasis: ALLBUS 2006

machen in absoluten Zahlen „gerechnet" ja auch die Mehrheit der Nationalstolzen aus![1] – im Feuilleton und in der Politik auch noch angeboten und propagiert. Nationalstolz erleichtert – dem Schein nach zumindest – „denen da unten" ihr Los und erleichtert „denen da oben" ihre Herrschaft und lässt ihre Privilegien nach dem Motto „Alle in einem Boot, alle im Stolz aufs Vaterland vereint" unangefochten – Nationalstolz als solider Kitt und Garant des gesellschaftlichen Status quo.

Nationalstolz und Autoritarismus

Ehe wir im Folgenden auf die besonders problematischen Nebenwirkung eines mehr oder weniger ausgeprägten Stolzes,

---

1 248 der 451 „sehr stolzen" Befragten bis 65 Jahre, also 55 Prozent, waren noch nie arbeitslos und fühlen sich auch aktuell nicht von Arbeitslosigkeit bedroht.

Tabelle 3

Autoritäre Einstellungen

	Zustimmungsquoten		
	1996	2002	2006
Wir sollten dankbar sein für führende Köpfe, die uns genau sagen können, was wir tun sollen und wie.	19 %	25 %	24 %
Im Allgemeinen ist es einem Kind im späteren Leben nützlich, wenn es gezwungen wird, sich den Vorstellungen seiner Eltern anzupassen.	13 %	18 %	18 %

Datenbasis: ALLBUS 1996-2006

deutsch zu sein, genauer eingehen, auf Fremdenfeindlichkeit, Schlussstrich-Mentalität und Antisemitismus, soll zumindest skizzenhaft auf die politisch nicht unbedenkliche Nähe von Nationalstolz und autoritären und antidemokratischen Denkmustern hingewiesen werden. Die Präferenz für solche Denkmuster steigt nämlich mit der Intensität nationalstolzer Gesinnung in signifikanter Weise an, ohne dass – wir heben diesen Tatbestand hervor, um Missverständnisse zu vermeiden – damit eine zwingende Kausallogik, Nationalstolz sei stets gleichzusetzen mit autoritären Einstellungen, verbunden wäre.

Zur Erfassung autoritärerer Einstellungen enthielt bereits die ALLBUS-Erhebung von 1996 zwei Aussagen, die auf einer siebenstufigen Skala bewertet werden sollten. Die Tabelle 3 dokumentiert den Anteil der Befragten, die jeweils eine der drei zustimmenden Antwortvorgaben wählten. Danach meinten 19 Prozent, wir sollten „dankbar sein für führende Köpfe, die uns genau sagen können, was wir tun sollen und wie" und 13 Prozent vertraten die Auffassung, im Allgemeinen sei es „einem Kind im späteren Leben nützlich", wenn es gezwungen werde, „sich den Vorstellungen seiner Eltern anzupassen". In den Jahren 2002 und 2006 wurden die beiden Aussagen erneut zur Beurteilung vorgelegt, und es wirft ein bezeichnendes

Schlaglicht auf die Entwicklung des Meinungsklimas hierzulande, dass die bereits 1996 – angesichts der recht drastischen Formulierungen – bedenklich hohen Zustimmungsquoten weiter angestiegen sind. Inzwischen sind 24 Prozent der Befragten dankbar „für führende Köpfe" und 18 Prozent sehen im *Zwang* zur Anpassung an die „Vorstellungen" der Eltern eine gute Vorbereitung auf das „spätere Leben".

Die im Rahmen des ALLBUS 2006 durchgeführte ISSP-Erhebung[1] zum Thema „Staat und Regierung" sprach zudem in einer Reihe von Fragen das Verhältnis von demokratischen Bürgerrechten und staatlichen Kontroll- und Eingriffsmöglichkeiten an. Eine dieser Fragen lautete: „Angenommen, staatliche Stellen haben den Verdacht, dass ein Terroranschlag droht. Was meinen Sie, sollten diese das Recht haben, Menschen ohne richterliche Anordnung beliebig lange in Haft zu nehmen?" Die Antworten zeigen, dass ein alarmierend großer Teil der Befragten bereit wäre, zentrale Bürgerrechte preiszugeben, sobald von „drohenden Terroranschlägen" die Rede ist. 19 Prozent würden dem Staat dann „in jedem Fall" das Recht auf unbefristete Inhaftierung ohne richterliche Anordnung zubilligen, 27 Prozent antworten mit „eher ja", 30 Prozent mit „eher nein" und nicht einmal jeder Vierte (23 Prozent) weist einen solchen Angriff auf den Rechtsstaat entschieden zurück und wählt die Antwort „auf keinen Fall".

Autoritäre und demokratiefeindliche Einstellungen sind also unter den Deutschen keine Seltenheit – und man findet solche Einstellungen, wie die Tabelle 4 zeigt, besonders oft unter denen, die auf ihr Deutschsein besonders stolz sind. Von diesen Befragten sind 31 Prozent „dankbar für führende Köpfe", 25 Prozent glauben, dass frühe Anpassung später nützt, und ebenfalls 25 Prozent wollen dem Staat „in jedem Fall" das Recht einräumen, „Menschen ohne richterliche Anordnung beliebig lange in Haft zu nehmen", sobald auch nur der „Ver-

---

1 Zum „International Social Survey Programme" (ISSP) s. oben, S. 11 f.

dacht" eines drohenden Terroranschlags besteht. Deutlich geringere Zustimmungsquoten weisen regelmäßig diejenigen auf, die „überhaupt nicht stolz" sind, Deutsche zu sein.

Damit ist, das sei noch einmal betont, nicht gesagt, dass Nationalstolz generell mit Autoritarismus und dem Ruf nach einem „starken Staat" verbunden sei. Die Tabelle macht ja zugleich deutlich, dass es auch unter den „sehr Stolzen" viele Befragte gibt, die solche autoritären Orientierungen nicht teilen. Gleichwohl lässt die auffällige Häufung solcher Positionen unter denen, die auf ihr Deutschsein besonders stolz sind, begründete Zweifel aufkommen, ob der neue deutsche Nationalstolz wirklich so „unverkrampft" ist, wie es in der öffentli-

Tabelle 4

Autoritäre Einstellungen und Nationalstolz

	Stolz, Deutsche(r) zu sein			
	sehr stolz	ziem-lich stolz	nicht sehr stolz	über-haupt nicht stolz
Wir sollten dankbar sein für führende Köpfe, die uns genau sagen können, was wir tun sollen und wie. *(Anteil zustimmender Antworten)*	31 %	25 %	20 %	10 %
Im Allgemeinen ist es einem Kind im späteren Leben nützlich, wenn es ge-zwungen wird, sich den Vorstellungen seiner Eltern anzupassen. *(Anteil zustimmender Antworten)*	25 %	19 %	15 %	9 %
Angenommen, staatliche Stellen haben den Verdacht, dass ein Terroranschlag droht. Was meinen Sie, sollten diese das Recht haben, Menschen ohne richterliche Anordnung beliebig lange in Haft zu nehmen? *(Anteil der Antwort „In jedem Fall")*	25 %	19 %	14 %	13 %

Datenbasis: ALLBUS 2006

chen Debatte und Darstellung regelmäßig beschworen wird.
Und dass sich hinter dem Stolz auf die eigene Nationalität so
etwas wie „Verfassungspatriotismus" verbirgt, der seinen Stolz
vor allem auf die demokratischen Werte und Errungenschaften
der Nation gründet, erscheint angesichts der eilfertigen Bereitschaft vieler stolzer Deutscher, wesentliche demokratische
Bürgerrechte einer vermeintlich nötigen „Terrorabwehr" zu
opfern, doch reichlich fragwürdig.

Das Deutsche an den Deutschen

In den ALLBUS-Daten des Jahres 2006 findet sich noch ein
weiteres interessantes Detail. Es gibt Aufschluss über das
Selbstbild der Deutschen im Allgemeinen und der stolzen
Deutschen im Besonderen – wie sie die Fremden und Anderen
sehen, davon wird im nächsten Kapitel noch ausführlich die
Rede sein. Die Befragten sollten sich selbst anhand einiger
vorgegebener Eigenschaften einschätzen und beispielsweise
angeben, ob sie sich für „eher zurückhaltend, reserviert" halten, ob sie dazu neigen, „andere zu kritisieren", oder ob Sie
„leicht nervös und unsicher" werden.[1] Betrachtet man zunächst die Antwortverteilungen insgesamt, so fallen einige
Eigenschaften auf, bei denen sich die Befragten besonders
einig sind, die also „die" Deutschen, zumindest ihrem Selbstbild nach, mehrheitlich kennzeichnen. Die größte Überein-

---

1 Insgesamt sollten zehn Eigenschaften auf einer fünfstufigen Skala von
1=„trifft voll und ganz zu" bis 5=„trifft überhaupt nicht zu" beurteilt werden: „Ich bin eher zurückhaltend, reserviert", „Ich schenke anderen leicht
Vertrauen, glaube an das Gute im Menschen", „Ich erledige Aufgaben
gründlich", „Ich bin entspannt, lasse mich durch Stress nicht aus der Ruhe
bringen", „Ich habe eine aktive Vorstellungskraft, bin phantasievoll", „Ich
gehe aus mir heraus, bin gesellig", „Ich neige dazu, andere zu kritisieren",
„Ich bin bequem, neige zur Faulheit", „Ich werde leicht nervös und unsicher" und „Ich habe nur wenig künstlerisches Interesse". Auch diese Frage
war übrigens Teil der ISSP-Erhebung, die in Deutschland im Rahmen des
ALLBUS 2006 durchgeführt wurde.

stimmung zeigt sich bei der Aussage „Ich erledige Aufgaben gründlich". 95 Prozent der Befragten gehen davon aus, dass dies „voll und ganz" (49 Prozent) oder doch „eher" (46 Prozent) auf sie selbst zutreffe. Ein wenig überraschend folgt auf dem zweiten Platz dieser Rangliste die Phantasie. 73 Prozent der Befragten meinen, sie hätten „eine aktive Vorstellungskraft", seien „phantasievoll". Die nächsten beiden Einschätzungen passen dann wieder besser in das Bild, das Klischee vom „typischen" Deutschen. Dass sie „bequem" seien und „zur Faulheit" neigten, verneinen 71 Prozent der Befragten, während die Aussage „Ich gehe aus mir heraus, bin gesellig" wieder breite Zustimmung erfährt (67 Prozent).

Gründlich, fleißig, phantasievoll und gesellig – man mag über die Begründung und den Maßstab solcher Selbsteinschätzung streiten und es ist sehr wahrscheinlich, dass die Antworten der Befragten vor allem über ihr *Selbstideal* Auskunft geben. Gerade dann aber ist es aufschlussreich, dass die Beurteilung von drei dieser vier Eigenschaften signifikant mit dem Nationalstolz der Befragten zusammenhängt. In der Abbildung 8 (S. 44) werden die Einschätzungen der „sehr stolzen" Deutschen mit den Antworten derjenigen verglichen, die auf ihre Nationalität „überhaupt nicht stolz" sind. Der Vergleich macht deutlich, dass die Eigenschaften, die sich die Deutschen insgesamt gern zuschreiben, das Selbstbild der „sehr stolzen" Deutschen besonders häufig prägen, und es ist wohl keine Überinterpretation des kleinen Befundes, wenn man den besonders Nationalstolzen unterstellt, dass sie gerade diese Eigenschaften auch für „typisch deutsch" halten und auf ihre Nationalität nicht zuletzt deshalb stolz sind. So sind sie eben, die Deutschen, und das zeichnet sie gegenüber anderen Nationen aus: gründlich, fleißig und gesellig.

Im Sommer des Jahres 2006 bekam dieses eher biedere Stereotyp einen neuen bunten Tupfer. „Die Welt" war „zu Gast bei Freunden" und die Deutschen erwiesen sich, so der durchgängige Tenor der Berichte und Kommentare, als fröhliche,

Abbildung 8

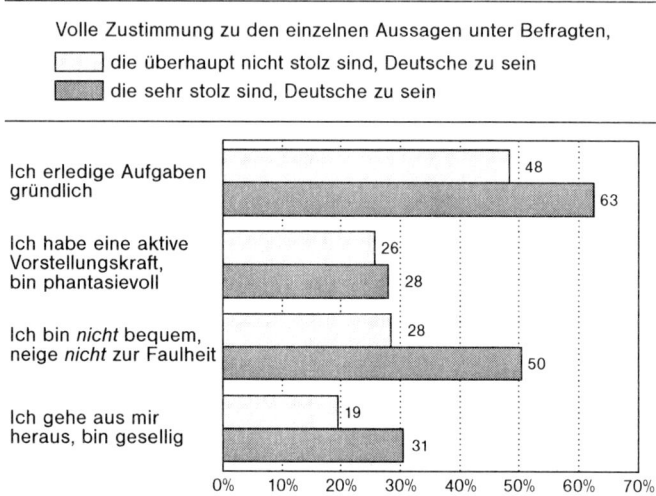

Nationalstolz und Selbstbild

Volle Zustimmung zu den einzelnen Aussagen unter Befragten,

☐ die überhaupt nicht stolz sind, Deutsche zu sein

▨ die sehr stolz sind, Deutsche zu sein

Ich erledige Aufgaben gründlich: 48 / 63

Ich habe eine aktive Vorstellungskraft, bin phantasievoll: 26 / 28

Ich bin *nicht* bequem, neige *nicht* zur Faulheit: 28 / 50

Ich gehe aus mir heraus, bin gesellig: 19 / 31

0% 10% 20% 30% 40% 50% 60% 70%

Datenbasis: ALLBUS 2006

weltoffene Gastgeber. Die Nation feierte, zusammen mit ihren Gästen, eine große Party und schmückte sich in bis dahin ungekanntem Ausmaß mit den Nationalfarben.

Das Zwischenspiel des WM-Sommers 2006

Während dieser Zeit des „Sommermärchens" und vor allem in den Wochen danach wurde in Politik, Medien und auch Wissenschaft mehr oder minder intensiv die Frage diskutiert, ob die fähnchenbeschwingt nationale Euphorie denn eher ein vorübergehender Partyeffekt oder doch der Beginn eines nachhaltig neuen Nationalstolzes und Patriotismus sei.

Erste empirische Hinweise erbrachte eine Zusatzerhebung im Rahmen der Langzeitstudie zur „Gruppenbezogenen Menschenfeindlichkeit" von Wilhelm Heitmeyer u.a. Die Haupterhebung des Jahres 2006 fand von Mai bis Mitte Juni statt, also überwiegend vor der Fußball-WM und z.T. noch während der Vorrunde. In der ersten Augusthälfte wurde dann eine ergänzende Befragung durchgeführt, um „den Effekt der WM auf Nationalismus und Patriotismus abschätzen zu können"[1]. Und in der Tat konnten Julia Becker, Ulrich Wagner und Oliver Christ zwischen der ersten und zweiten Befragungswelle einen Anstieg des „Nationalismus" feststellen (bestimmt anhand einer „Kurzskala", die den Stolz auf die deutsche Geschichte und eben den Stolz, Deutscher bzw. Deutsche zu sein, erfasst), wobei sie allerdings darauf hinweisen, dass die Veränderungen, wenngleich statistisch signifikant, doch recht gering ausfallen und daher „eher vorsichtig interpretiert werden"[2] sollten.

Detaillierter lässt sich die Entwicklung des Nationalstolzes während der Fußball-WM nun anhand der ALLBUS-Daten nachzeichnen. Da sich die Befragung des Jahres 2006 über die Monate März bis August erstreckte und der Zeitpunkt der einzelnen Interviews im Datensatz festgehalten ist, konnten wir die Veränderungen vor, nach und vor allem während der WM gewissermaßen schrittweise verfolgen.

Für diese Analyse haben wir den Befragungszeitraum nach folgendem Schema unterteilt: zunächst die Zeit vor der WM in Monatsschritten, dann die ersten Junitage bis zum Eröffnungsspiel am 9. Juni. Danach haben wir nach jedem weiteren Spiel mit deutscher Beteiligung eine Zäsur vorgenommen bis zum Spiel um den dritten Platz am 8. Juli. Die Folgezeit wurde in drei Abschnitte gegliedert: die Woche unmittelbar nach Abschluss der WM, die zweite Julihälfte und schließlich der Monat August.

---

1 Julia Becker/Ulrich Wagner/Oliver Christ: Nationalismus und Patriotismus als Ursache von Fremdenfeindlichkeit, in: Wilhelm Heitmeyer (Hrsg.): Deutsche Zustände, Folge 5, Frankfurt/M. 2007, S. 131-149, hier S. 139.
2 Ebd. S. 140.

Die Abbildung 9 zeigt, wie hoch in den einzelnen Zeitabschnitten der Anteil der Befragten ausfiel, die „sehr stolz" waren, Deutsche zu sein. In den Monaten vor der WM lag dieser Anteil recht konstant bei etwa 20 Prozent. Ab Anfang Juni nahm die Zahl der „sehr stolzen" Deutschen dann nach und nach zu. Ihr Anteil stieg bereits im Vorfeld der WM auf 23 Prozent, und in der Zeit zwischen dem erfolgreichen Eröffnungsspiel der deutschen Nationalelf am 9. und dem Sieg über die polnische Mannschaft am 14. Juni gaben schon 27 Prozent der Befragten an, sie seien „sehr stolz", Deutsche zu sein. In den folgenden Tagen ließ die anfängliche nationale Euphorie offenbar für kurze Zeit ein wenig nach, um sich dann mit jedem weiteren Erfolg der deutschen Nationalmannschaft – am 20. Juni im Spiel gegen die Auswahl Ecuadors, am 24. Juni

Abbildung 9

Fußball-WM und Nationalstolz

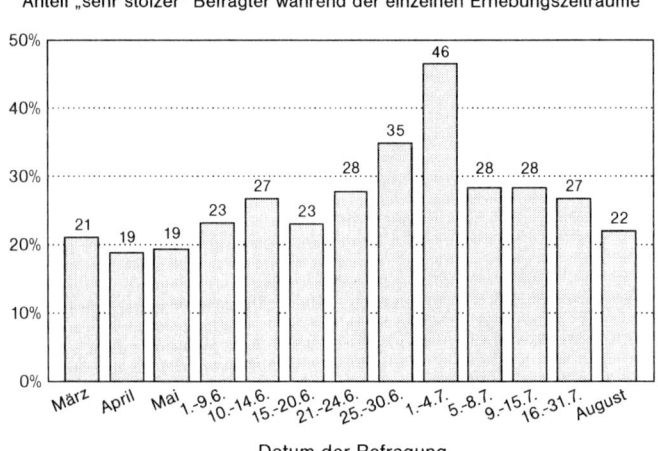

Anteil „sehr stolzer" Befragter während der einzelnen Erhebungszeiträume

Datum der Befragung

Datenbasis: ALLBUS 2006

im Achtelfinale gegen Schweden und am 30. Juni im Viertel-
finale gegen Argentinien – weiter zu steigern. Von den Personen, die in der Zeit vom 1. bis 4. Juli befragt wurden, waren
schließlich 46 Prozent „sehr stolz" darauf, Deutsche zu sein.
Am 4. Juli beendete die Niederlage gegen die italienische
Mannschaft die Meisterschaftshoffnungen der Deutschen und
in der Folge sank der Anteil der besonders Nationalstolzen
abrupt auf 28 Prozent. Dass die deutsche Nationalelf am 8.
Juli dann immerhin noch den dritten Platz erreichte, konnte
den Nationalstolz ihrer Fans offenbar nicht weiter entfachen.
Der Anteil der besonders stolzen Deutschen lag in der darauf
folgenden Woche unverändert bei 28 Prozent, ging in der
zweiten Julihälfte bereits leicht zurück und hatte im August
fast wieder das Niveau der Vor-WM-Zeit erreicht. Die leicht
erhöhten „Nationalismus"-Werte, die Becker, Wagner und
Christ in ihrer Nachbefragung im August feststellen konnten,
waren also offenbar bereits der „Nachhall" einer kurzen nationalen Euphorie, die einen Monat nach der WM schon weitgehend abgeklungen war.

Der durch die Fußball-WM ausgelöste „neue" Nationalstolz
der Deutschen erweist sich, soweit er sich in den Antworten
auf die einfache Frage nach dem Stolz, Deutscher bzw. Deutsche zu sein, niederschlägt, als eher kurzfristiges Phänomen,
und er war wohl vor allem in den fähnchen- und fahnen-
schwingenden Ausdrucksformen neu, nicht aber in den Be-
weggründen. Denn ganz offensichtlich war es nicht die Freude
über das gelungene „Fußballfest", die den Stolz anschwellen
ließ, Angehöriger der gastgebenden Nation zu sein. Schließlich
dauerte das Fest auch nach dem 4 Juli an und „die" Deutschen
waren weiterhin die Gastgeber, nur Weltmeister konnten sie ab
diesem Tag nicht mehr werden. Und wenn der Stolz daraufhin
so deutlich nachließ, dann war er zuvor wohl weniger in der
gelungenen Gastgeberrolle begründet als vor allem in dem
schönen Gefühl, zu den Siegern zu gehören – und das ist
schließlich so neu nicht.

Spielverderber: Ein Nachtrag zum WM-Sommer

Kaum war das WM-Jahr verklungen, meldeten sich auch schon die Spielverderber zu Wort, allen voran der ehemalige Regierungssprecher Uwe-Karsten Heye, Vorsitzender des Vereins „Gesicht zeigen!". Heye beklagte, so kann man der „Frankfurter Rundschau" vom 2. Januar 2007 entnehmen, dass das WM-Jahr 2006 „ein Rekordjahr rechtsextremistisch motivierter Gewalttaten" gewesen sei. Und die stellvertretende Vorsitzende der Linksfraktion im Bundestag, Petra Pau, assistierte: „Allein die registrierten Straftaten mit rechtsextremistischem Hintergrund lagen im ablaufenden Jahr 50 Prozent höher als 2004, also vor zwei Jahren."[1]

Der Einspruch von Heye und Pau lässt sich durchaus belegen – mit den Zahlen, die das Bundesministerium des Innern auf die monatliche Anfrage der Linksfraktion bekannt gibt. Die Abbildung 10 zeigt eindrucksvoll, dass im Juni 2006 nicht nur der Nationalstolz, sondern auch rechtsextreme und fremdenfeindliche Straftaten einen Höhepunkt erreichten.

Fast elf Monate später, am 29. November 2007 findet sich in der „Berliner Zeitung" eine eher unauffällige Meldung: „Im vergangenen Jahr kam es in Berliner Stadien zu zehn Propagandadelikten Rechtsradikaler, auf der WM-Fanmeile wurden 13 Mal Kennzeichen verfassungswidriger Organisationen gezeigt. Das geht aus der Antwort von Innensenator Ehrhart Körting (SPD) auf eine parlamentarische Anfrage hervor. Auf der Fanmeile kam es außerdem zu zwei rechts motivierten Gewalttaten, zwei Personen wurden verletzt. Die Polizei registrierte ferner fünf Fälle von Volksverhetzung und Sachbeschädigung in Stadien und zwei solche Delikte auf der Fanmeile."[2]

---

1 „Heye: 2006 war Rekordjahr rechter Gewalt", in: „Frankfurter Rundschau" vom 2.1.2007, S. 6.

2 Eva Dorothée Schmid: Rechtsradikale Straftaten auf der Fanmeile, in: „Berliner Zeitung" vom 29.11.2007, S. 23.

Abbildung 10

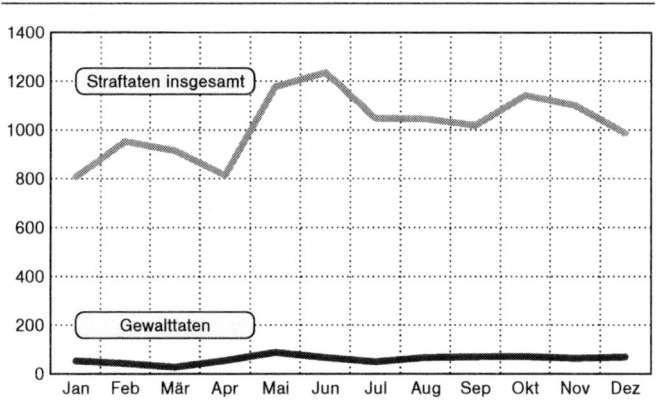

Rechtsextreme und fremdenfeindliche Straftaten 2006

Datenbasis: Monatliche schriftliche Anfrage der Fraktion Die Linke[1]

Auch das noch: Am 11. Dezember 2007 berichtet „Spiegel Online" von einem Prozess um das „traumatische Ende einer Traumhochzeit", auf der vermeintlich türkisch klingende Musik gespielt wurde: „Eine Gruppe junger Leute hat bei Potsdam eine Festgesellschaft angegriffen und ‚Deutschland, Deutschland, über alles' gegrölt. Der Staatsanwalt jedoch kann bei den Schlägern keine rechte Gesinnung erkennen." Vielmehr schreibt er in der Anklage: „Aus den Rufen ‚Deutschland, Deutschland, über alles' ergibt sich kein rechtsradikaler Hintergrund, da sich das Tatgeschehen im Endstadium der Fußball-Weltmeisterschaft ereignete und dieser Ruf während der Weltmeisterschaft für Fußballfans als typisch angesehen werden muss."[2]

---

1 Die Statistik ist abrufbar unter: www.petrapau.de/16_bundestag/dok/down/2007_zf-rechtsextreme-straftaten.pdf.

2 Uta Falck-Eisenhardt: Dorfschläger überfallen Hochzeitsfeier, „Spiegel Online" vom 11. Dezember 2007 (www.spiegel.de/panorama/justiz/0,1518, 522626,00.html).

Nationalstolz und Exklusion: Fremdenfeindlichkeit

Wie immer man zum neuen Stolz der Deutschen auf Deutschland stehen mag, man muss wissen – und die ALLBUS-Daten liefern dazu reichlich Material – dass der „Stolz, Deutscher zu sein", mit durchaus fragwürdigen politischen und gesellschaftlichen Nebenwirkungen einhergeht. Die besondere Betonung, gar Überbetonung des Eigenen, der eigenen Nation ist – wie die Sozialpsychologie schon länger weiß – schon im Ansatz mit Exklusion verbunden, mit der Abwehr der nicht Dazugehörenden, der Fremden, und Fremdenfeindlichkeit ist deshalb fast folgerichtig eine der besonders fatalen und gefährlichen Nebenwirkungen des Nationalstolzes.

Die Kette fremdenfeindlicher Gewalttaten reißt im vereinten Deutschland seit Jahren nicht ab. Manche Orte haben traurige Berühmtheit erlangt, nicht selten weltweit: Hoyerswerda, Rostock-Lichtenhagen, Mölln, Hünxe, Solingen, Mügeln ... Die Reaktionen von Politik und Medien nach den Gewaltakten gegen Ausländer ähneln sich in all den Jahren. Plötzlich und heftig wird, ehe es bis zum nächsten „Vorfall" wieder in Vergessenheit versinkt, das Problem des Rechtsextremismus diskutiert – inzwischen regelmäßig verbunden mit der Forderung nach einem NPD-Verbot – und die Frage nach dem Umfeld des Rechtsextremismus, das Problem der Fremdenfeindlichkeit in der Mitte der Gesellschaft, im wissenschaftlich-empirischen Diskurs inzwischen durchaus bekannt und benannt[1],

---

1 Vgl. etwa Klaus Ahlheim/Bardo Heger: Der unbequeme Fremde. Fremdenfeindlichkeit in Deutschland – empirische Befunde, Schwalbach/Ts. 1999; Andreas Zick, Beate Küpper: Politische Mitte. Normal feindselig, in: Wilhelm Heitmeyer (Hrsg.): Deutsche Zustände. Folge 4, Frankfurt/M.

taucht allenfalls am Rande der öffentlichen Debatte auf. Man weiß aus Interviews mit Jugendlichen, dass sich die rechtsextremen, jungen und meist männlichen Gewalttäter – mit einem gewissen Recht – vom fremdenfeindlichen Umfeld ermutigt fühlen („Wir machen genau das, was ihr Alten am Stamm- und am Familientisch sagt, aber nicht zu tun wagt")[1]. Man weiß inzwischen auch, dass zur fremdenfeindlichen Gewalt die fremdenfeindliche Ideologie gehört, dass das fremdenfeindliche Vorurteil dem Gewaltexzess und dem Pogrom, dass die Vernichtung des Fremden und Anderen im Kopf der realen Tat, dem Angriff auf Leib und Leben vorausgeht.[2] Aber Fremdenfeindlichkeit und Rechtsextremismus, so vermittelt es der öffentliche Diskurs noch immer, haben mit dem Großteil der Bürgerinnen und Bürger eben nichts zu tun, scheinen ein begrenztes und begrenzbares Problem, scheinen ein Problem vor allem des *Ostens* unserer Republik zu sein, ein Problem der *Jugend* und der *Männer*, ein Problem der *Rechtsaußen-Parteien* und ihrer Wähler, eine Folge auch von „*schlechten Erfahrungen*" (Ausländer als Konkurrenten um Wohnung und Arbeitsplatz), ein Problem nicht zuletzt von *Arbeitslosen*. Wir haben bereits 1999 eine empirische Studie[3] veröffentlicht, in der wir uns mit diesen gängigen Erklärungsmustern auseinandergesetzt und überprüft haben, inwieweit diese „Erklärungen" zutreffen. Sie stimmen, so hieß unser Ergebnis, an kaum einem

---

2006, S. 115-134; Oliver Decker/Elmar Brähler: Vom Rand zur Mitte. Rechtsextreme Einstellungen und ihre Einflussfaktoren in Deutschland, Berlin 2006.

1 Vgl. Klaus Ahlheim/Bardo Heger/Thomas Kuchinke: Argumente gegen den Haß. Über Vorurteile, Fremdenfeindlichkeit und Rechtsextremismus, Bd. I, Bonn 1997, S. 142; Jörg Neuman/Wolfgang Frindte: Der biografische Verlauf als Wechselspiel von Ressourcenerweiterung und -einengung, in: Jörg Neuman/Wolfgang Frindte (Hrsg.): Fremdenfeindliche Gewalttäter, Wiesbaden 2002, S. 115-153, hier S. 124 ff.

2 Vgl. dazu Klaus Ahlheim (Hrsg.): Die Gewalt des Vorurteils, Schwalbach/Ts. 2007.

3 Klaus Ahlheim/Bardo Heger: Der unbequeme Fremde.

Punkt und sie stimmen schon gar nicht als jeweils ausschließliche Erklärungsansätze. Es gibt eine Vielzahl von Motiven für fremdenfeindliche Orientierungen und es gibt eine Vielzahl von Gruppen, die für fremdenfeindliche Vorurteile anfällig sind. Die „Partei" der Fremdenfeinde ist gewissermaßen eine große Volkspartei, in der sich alle Gruppierungen, alle Glaubensrichtungen, alle Parteien, auch manche Gewerkschafter[1] wiederfinden.

Wir werden in diesem Kapitel anhand der neuen ALLBUS-Daten aus dem Jahr 2006 untersuchen, ob und inwieweit dieser kurz skizzierte Befund noch immer gilt und wo sich möglicherweise gegenüber 1996 Verschiebungen und Veränderungen ergeben haben. Und wir werden schließlich mithilfe dieses aktuellen ALLBUS den empirischen Beleg liefern für den von uns immer wieder angesprochenen engen Zusammenhang von Nationalstolz und Fremdenfeindlichkeit.

Fremdenfeindlichkeit in der Mitte der Gesellschaft

Im ALLBUS von 1996 waren, wie im ersten Kapitel schon kurz dargestellt, die „Einstellungen zu ethnischen Gruppen in Deutschland und zur Immigration" ein zentraler Schwerpunkt der Befragung. In der Erhebung des Jahres 2006 wurden die Fragen dieses Themenschwerpunkts erneut aufgenommen und den Befragten vorgelegt. Um die Verbreitung fremdenfeindlicher Einstellungen in der Bevölkerung zuverlässig bestimmen zu können, haben wir, wie schon in unserer Analyse der 1996er Daten, aus den gut 70 Fragen des Themenschwerpunkts 16 Fragen ausgewählt. Dabei sollte in allen Fragen eine eindeutig ablehnende Haltung gegenüber Ausländern zum Ausdruck kommen, ein Vorurteil, die Forderung oder Akzeptanz einer

---

1 Vgl. dazu Bodo Zeuner u.a.: Gewerkschaften und Rechtsextremismus. Anregungen für die Bildungsarbeit und politische Selbstverständigung der deutschen Gewerkschaften, Münster 2007.

Diskriminierung von Ausländern bzw. einer Verschlechterung ihrer Situation. Aus dieser Überlegung heraus haben wir etwa Aussagen, die eine *Verbesserung* der rechtlichen Lage der Ausländer (z.B. doppelte Staatsbürgerschaft, kommunales Wahlrecht) thematisieren, nicht in die Analyse einbezogen. Dann wurde für alle Fragen festgelegt, welche Antworten als „fremdenfeindliche" und welche als „nicht fremdenfeindliche" Antworten gelten sollen. So haben wir beispielsweise bei der Frage nach der Zuzugsregelung für verschiedene Migrantengruppen die Antworten „Der Zuzug soll uneingeschränkt möglich sein", „Der Zuzug soll begrenzt werden" und „Weiß nicht" als „nicht fremdenfeindlich" und nur die Antwort „Der Zuzug soll völlig unterbunden werden" als „fremdenfeindlich" gewertet, da nur diese Antwort eine Verschärfung der Zuzugsregelung fordert.

Tabelle 5 stellt die einzelnen Aussagen und die Zustimmungsquoten in den Jahren 1996 und 2006 vor. Schon ein erster Blick auf die Tabelle macht deutlich, daß ablehnende und vorurteilsvolle Einstellungen gegenüber Ausländern in der Bevölkerung weit verbreitet sind. Die meisten Aussagen – darunter die mittlerweile schon „klassischen" Vorurteile, Ausländer seien eine Belastung für das soziale Netz, nähmen den Deutschen die Arbeitsplätze weg und seien besonders kriminell – treffen bei mindestens einem Viertel der Befragten auf Zustimmung. Bereits *ein* Asylbewerber wäre 47 Prozent der Deutschen als Nachbar unangenehm – so jedenfalls lautete die Frage, vermutlich aber konnten sich viele Befragte einen einzelnen Asylbewerber gar nicht vorstellen und assoziierten sofort eine anonyme, chaotisch-bedrohliche „Horde". Auch neben Türken möchte ein gutes Drittel der Befragten lieber nicht wohnen und ebenfalls jeder dritte Deutsche fühlt sich durch die „vielen Ausländer" immer mehr „als Fremder im eigenen Land".

Vergleicht man die im Abstand von zehn Jahren erhobenen Antworten, dann zeigen sich bei den meisten Fragen nur geringe Unterschiede, wobei die Zustimmungsquoten häufiger

Tabelle 5

Fremdenfeindlichkeit in Deutschland

	Zustimmungs-quoten	
	1996	2006
Die in Deutschland lebenden Ausländer sollten ihren Lebensstil ein bisschen besser an den der Deutschen anpassen.	60%	80%
Wenn Arbeitsplätze knapp werden, sollte man die in Deutschland lebenden Ausländer wieder in ihre Heimat zurückschicken.	28%	23%
Man sollte den in Deutschland lebenden Ausländern jede politische Betätigung in Deutschland untersagen.	36%	28%
Die in Deutschland lebenden Ausländer sollten sich ihre Ehepartner unter ihren eigenen Landsleuten auswählen.	22%	16%
Durch die vielen Ausländer in Deutschland fühlt man sich zunehmend als Fremder im eigenen Land.	29%	34%
Die in Deutschland lebenden Ausländer sind eine Belastung für das soziale Netz.	40%	39%
Ihre Anwesenheit in Deutschland führt zu Problemen auf dem Wohnungsmarkt.	45%	14%
Sie nehmen den Deutschen Arbeitsplätze weg.	34%	27%
Sie begehen häufiger Straftaten als die Deutschen.	39%	45%
Ich finde es in Ordnung, wenn Eltern ihrer 17-jährigen Tochter die Freundschaft mit einem türkischen Jugendlichen verbieten.	32%	33%
Ich finde es in Ordnung, wenn ein Unternehmer, der Personal abbauen muss, zuerst die ausländischen Arbeitnehmer entlässt.	26%	21%
Ein Asylbewerber wäre mir als Nachbar unangenehm.	47%	47%
Ein Türke wäre mir als Nachbar unangenehm.	34%	39%
Der Zuzug von Asylsuchenden soll völlig unterbunden werden.	21%	14%
Der Zuzug von Arbeitnehmern aus der Europäischen Union (EU-Staaten) soll völlig unterbunden werden.	16%	11%
Der Zuzug von Arbeitnehmern aus Nicht-EU-Staaten, z.B. Türken, soll völlig unterbunden werden.	33%	25%

Datenbasis: ALLBUS 1996 und 2006

ab- als zugenommen haben. Die fremdenfeindlichen Denk-
und Orientierungsmuster hierzulande erweisen sich also als
recht „stabil", bei insgesamt leicht rückläufiger Tendenz. Inter-
essant ist freilich, dass der Vergleich zwischen den Antworten
von 1996 und 2006 eine gewisse Verschiebung im „Charakter"
fremdenfeindlicher Einstellungen signalisiert. Aggressive Aus-
grenzungs- und Abwehrwünsche gegenüber Asylbewerbern
und Flüchtlingen haben leicht abgenommen, wohl auch weil
ja die „Festung Europa" – wir werden darauf im nächsten Kapitel noch zurückkommen – insgesamt kaum noch Immigration zulässt. Forderungen nach stärkerer Integration, nach
Anpassung der hier lebenden Familien haben dagegen zugenommen. Im Grunde spiegeln solche Veränderungen in den
Zustimmungen zu fremdenfeindlichen Aussagen – ganz mate-
rialistisch – politische Realität ebenso wider wie die Verände-
rung des politisch-kulturellen Klimas, das aus verschiedenen
Gründen Anpassungsleistungen der Eingewanderten besonders
groß schreibt.

   Für die weitere Analyse haben wir, wie schon in unserer früheren Studie, die Antworten auf die verschiedenen Fragen zu
einem einzigen Wert „verdichtet", indem wir für jeden Befragten die Anzahl der „fremdenfeindlichen" Antworten ausge-
zählt haben. Auf der so konstruierten „Fremdenfeindlichkeitsskala" konnte also jede Person einen Wert zwischen 0 (*nicht
eine* „fremdenfeindliche" Antwort) und 16 („fremdenfeindliche" Antworten auf *alle* Fragen) erreichen, der anzeigt, wie
stark bzw. „konsequent" ein Befragter zu fremdenfeindlichen
Orientierungen tendiert.

   In der Abbildung 11 haben wir die Befragten zu fünf Gruppen zusammengefasst: (1) Personen, die im Jahr 2006 keiner
Aussage der Skala zustimmen und daher als *gar nicht* fremdenfeindlich angesehen werden können, (2) Personen, die *kaum*
zu fremdenfeindlichen Orientierungen neigen (1-3 Zustimmungen), (3) *etwas* fremdenfeindliche Befragte (4-7 Zustimmungen), (4) Befragte, die mindestens der Hälfte (8-11) der

Aussagen zustimmen und damit eine *deutlich* fremdenfeindliche Haltung dokumentieren, und schließlich (5) Befragte,
deren *stark* fremdenfeindliche Einstellung sich in einer Zustimmung zu mindestens drei Vierteln (12-16) der Aussagen
äußert. Die in der Abbildung dargestellte Verteilung dieser
Gruppen in Ost und West macht noch einmal deutlich, was
bereits die Antworten auf die einzelnen Fragen vermuten ließen: Auch wenn fremdenfeindliche Denk- und Orientierungsmuster in den letzten zehn Jahren offenbar ein wenig zurückgegangen sind, gehören sie weiterhin zum Alltag dieser Republik. Nur 6 Prozent der Befragten im Westen und gerade einmal 3 Prozent im Osten lehnen alle Aussagen ab. Dagegen können nach unserer Gruppierung in Westdeutschland 17 Prozent

Abbildung 11

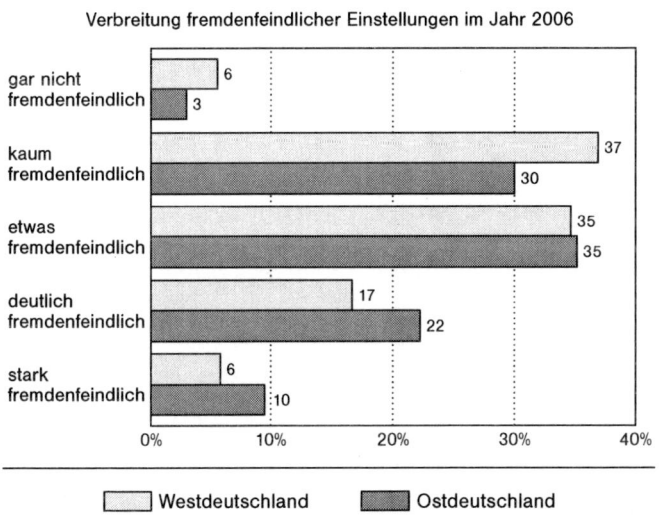

Fremdenfeindlichkeit in West- und Ostdeutschland

Verbreitung fremdenfeindlicher Einstellungen im Jahr 2006

gar nicht fremdenfeindlich: Westdeutschland 6, Ostdeutschland 3

kaum fremdenfeindlich: Westdeutschland 37, Ostdeutschland 30

etwas fremdenfeindlich: Westdeutschland 35, Ostdeutschland 35

deutlich fremdenfeindlich: Westdeutschland 17, Ostdeutschland 22

stark fremdenfeindlich: Westdeutschland 6, Ostdeutschland 10

☐ Westdeutschland   ■ Ostdeutschland

Datenbasis: ALLBUS 2006

der Bevölkerung als „deutlich" und weitere 6 Prozent als „stark"
fremdenfeindlich eingestuft werden. Nimmt man beide Gruppen zusammen, dann teilt immerhin fast ein Viertel der West-
Befragten fremdenfeindliche Einstellungen in einem Ausmaß,
das uns gravierend erscheint.[1] Krasser noch fällt der Befund
für den Osten der Republik aus. Mit 22 Prozent „deutlich"
und 9 Prozent „stark" fremdenfeindlich eingestellten Befragten
zeigen insgesamt 31 Prozent der Ostdeutschen ein bedenkli-
ches Maß an Fremdenfeindlichkeit.

Schon dieser „Grundbefund" macht erneut deutlich, dass
fremdenfeindliche Orientierungen hierzulande, wie wir das
bereits in unserer 1999er Studie festgestellt haben und wie es
jüngst auch die Studie von Oliver Decker und Elmar Brähler
bestätigte[2], nicht nur bei isolierten Randgruppen, sondern
auch in der „Mitte der Gesellschaft" anzutreffen sind.

Differenzierung nach Geschlecht und Alter

Was wir in unserer Auswertung der ALLBUS-Daten von 1996
festgehalten haben, gilt noch immer: Es sind vor allem die
Bilder von männlichen, oft rechtsextremen Jugendlichen, die
im Gedächtnis haften bleiben, wenn die Medien über fremdenfeindliche Gewalt berichten. Und in der Tat werden ja – so
das übereinstimmende Ergebnis einschlägiger Analysen[3] –

---

1 Wenn wir in den folgenden Analysen den Anteil „fremdenfeindlich eingestellter" Personen in unterschiedlichen Personengruppen ausweisen, dann
   sind damit eben jene Befragten gemeint, die mindestens der Hälfte der
   Aussagen der Fremdenfeindlichkeitsskala zugestimmt haben, also als „deutlich" oder „stark" fremdenfeindlich einzustufen sind.
2 Oliver Decker/Elmar Brähler: Vom Rand zur Mitte. Rechtsextreme Einstellung und ihre Einflussfaktoren in Deutschland, Berlin 2006.
3 Vgl. etwa Helmut Willems: Fremdenfeindliche Gewalt. Einstellungen,
   Täter, Konflikteskalation, Opladen 1993, S. 110 ff.; Christian Peucker/
   Martina Gaßebner/Klaus Wahl: Analyse polizeilicher Ermittlungsakten zu
   fremdenfeindlichen, antisemitischen und rechtsextremistischen Tatver-
   dächtigen, in: Klaus Wahl (Hrsg.): Fremdenfeindlichkeit, Antisemitismus,
   Rechtsextremismus, Bonn 2001, S. 12-88, hier S. 26 ff.

fremdenfeindliche *Gewalttaten* fast ausschließlich von Männern und überwiegend von Jugendlichen bzw. jungen Erwachsenen begangen. Sind es aber auch vor allem die jungen Männer, die für fremdenfeindliche Parolen und Denkmuster anfällig sind?

Wir sind auch jetzt dieser Frage nachgegangen und haben – vergleichend – anhand der ALLBUS-Daten von 1996 und 2006 die Verbreitung und Entwicklung fremdenfeindlicher Einstellungen in verschiedenen Altersgruppen und unter Männern und Frauen untersucht. Zunächst haben wir die Befragten – getrennt nach Ost und West – in sieben Altersgruppen aufgeteilt und dann mit der gerade vorgestellten Fremdenfeindlichkeitsskala für jede dieser Gruppen den Anteil fremdenfeindlich eingestellter Personen ermittelt. Das in Abbildung 12 (S. 60) dargestellte Ergebnis für die 1996er Befragung ist eindeutig: Anders als fremdenfeindliche *Gewalttaten* sind fremdenfeindliche *Einstellungen* alles andere als ein Problem der jungen Leute. Im Gegenteil nimmt die Fremdenfeindlichkeit – im Osten wie im Westen – von der ältesten zur jüngsten Altersgruppe stetig ab. Dieser Befund gab uns in unserer Analyse von 1999 Anlass zu vorsichtigem Optimismus, ließ er doch auf eine langfristige Liberalisierung des Meinungsklimas hierzulande hoffen, auf einen Rückgang der Fremdenfeindlichkeit gewissermaßen von Generation zu Generation. Die Auswertung der Daten von 2006 zeigt nun, dass sich dieser Trend so eindeutig nicht fortgesetzt hat. Der bereits festgestellte leichte Rückgang fremdenfeindlicher Einstellungen in der deutschen Bevölkerung ist vielmehr vor allem auf einen Meinungswandel unter den älteren Befragten zurückzuführen, während gerade in der jüngsten Altersgruppe die Fremdenfeindlichkeit wieder zunimmt. Damit sind fremdenfeindliche Einstellungen freilich nach wie vor kein besonderes „Jugendproblem", anders als noch 1996 zeichnen sich die jüngeren Befragten jedoch auch nicht mehr durch besonders liberale Einstellungen aus.

Die Differenzierung nach dem Geschlecht der Befragten
brachte in der Auswertung des 1996er ALLBUS einen über-
raschenden, beim Vorstellen der Ergebnisse immer wieder
ungläubig aufgenommenen Befund: Zumindest in den neuen

Abbildung 12

Alter und Fremdenfeindlichkeit

Verbreitung fremdenfeindlicher Einstellungen in den einzelnen Altersgruppen

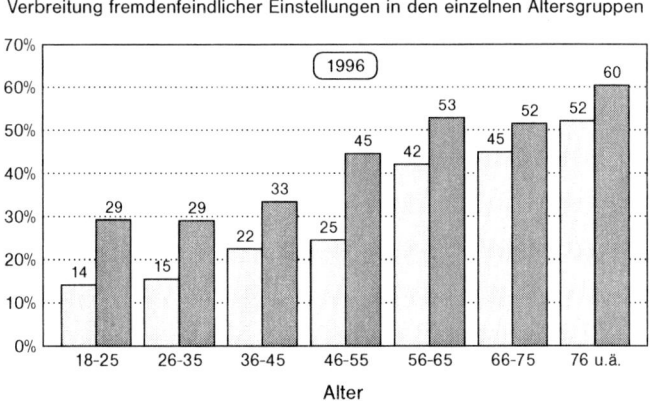

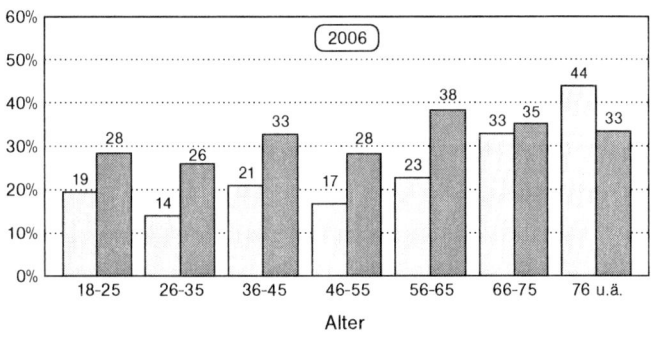

☐ Westdeutschland   ▨ Ostdeutschland

Datenbasis: ALLBUS 1996 und 2006

Bundesländern – so konnten wir damals feststellen – waren Frauen deutlich fremdenfeindlicher eingestellt als Männer (vgl. Abbildung 13): Der Anteil der Befragten mit deutlich bzw. stark fremdenfeindlicher Einstellung fiel bei den Frauen im Osten mit 45 Prozent signifikant höher aus als bei den Männern (36 Prozent). Im Westen zeigte sich nur ein geringer, statistisch nicht signifikanter Unterschied, der allerdings in dieselbe Richtung wies. Hier neigten 29 Prozent der Frauen und 26 Prozent der Männer zu fremdenfeindlichen Einstellungen. In den Ergebnissen der 2006er Befragung verschiebt sich das Bild ein wenig. Im Westen sind nun die Männer fremdenfeindlicher eingestellt (25 gegenüber 20 Prozent der Frauen), im Osten der Republik zeigen aber immer noch 35 Prozent der Frauen und „nur" 28 Prozent der Männer eine fremdenfeindliche Einstellung.

Abbildung 13

Geschlecht und Fremdenfeindlichkeit

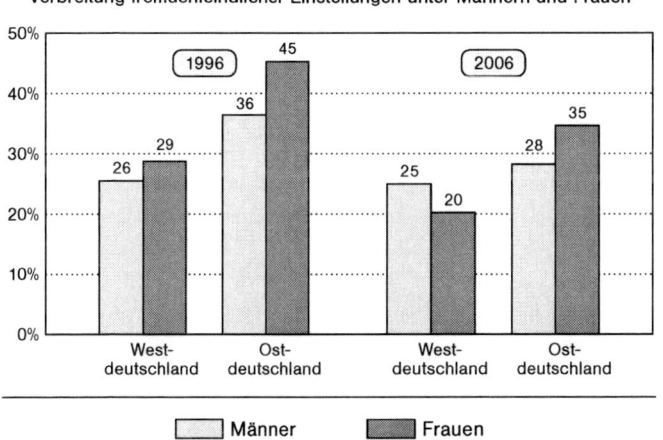

Verbreitung fremdenfeindlicher Einstellungen unter Männern und Frauen

Datenbasis: ALLBUS 1996 und 2006

An dem zentralen Befund, dass fremdenfeindliche Einstellungen nicht unbedingt in jenen Bevölkerungsgruppen besonders weit verbreitet sind, aus denen die Mehrzahl der fremdenfeindlichen Gewalttäter stammt, ändern diese Verschiebungen freilich wenig. Generell bestätigt unsere Auswertung der ALLBUS-Daten von 2006 den früheren Befund: Zwar lassen sich durchaus Bevölkerungsgruppen finden, bei denen fremdenfeindliche Orientierungen besonders stark ausgeprägt sind, gleichwohl sind fremdenfeindliche Einstellungen keineswegs auf diese Gruppen beschränkt. Wir wollen das im Folgenden an zwei Beispielen zeigen, indem wir die immer wieder vorgebrachten Thesen überprüfen, wonach sich Fremdenfeindlichkeit vor allem am rechten Rand der Gesellschaft konzentriere und eng mit dem Problem der Arbeitslosigkeit verknüpft sei.

Parteienpräferenz und Fremdenfeindlichkeit

Wann immer einer der Rechtsaußen-Parteien – früher den „Republikanern" und der DVU, aktuell und seit einigen Jahren vor allem der NPD – ein stets wieder „überraschender" Wahlerfolg gelingt, haben Politiker und Medien-Kommentatoren die Erklärung vom „Protestwähler" parat, jenem Wähler also, der mit seiner Stimme für die Rechtspartei den etablierten Parteien einen „Denkzettel" verpassen wolle, ohne von den rechten Parolen der gewählten Partei wirklich überzeugt zu sein. Doch das stimmt, zumindest was ein zentrales Element der rechtsextremen Ideologie, den Hass auf Ausländer und alle Fremden angeht, so nicht. Der in Abbildung 14 dargestellte empirische Befund widerspricht der Protestwähler-These nachdrücklich: Unter den Anhängern der Rechtsaußen-Parteien sind fremdenfeindliche Einstellungen erheblich weiter verbreitet als unter den potentiellen Wählern der übrigen Parteien. 76 Prozent der „Rep"- und 78 Prozent der NPD-Anhänger haben eine deutlich fremdenfeindliche Einstellung.

Abbildung 14

Sind die Wähler von Rechtsaußen-Parteien fremdenfeindlich?

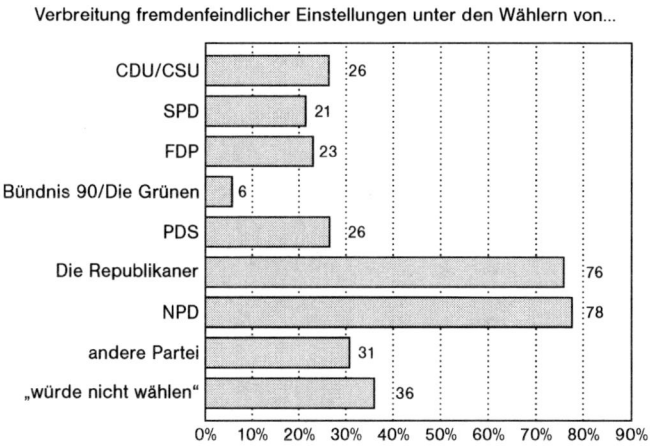

Verbreitung fremdenfeindlicher Einstellungen unter den Wählern von...

Datenbasis: ALLBUS 2006

Am niedrigsten fällt der Anteil fremdenfeindlich eingestellter Personen bei der Anhängerschaft von Bündnis 90/Die Grünen aus (6 Prozent).

Ist Fremdenfeindlichkeit damit aber auch ein Problem vor allem am rechten Rand der Gesellschaft? Wir haben unsere Fragestellung umgedreht und nun nicht mehr nach der Verbreitung fremdenfeindlicher Einstellungen unter den Wählern einzelner Parteien gefragt, sondern untersucht, welche Partei die Befragten mit „deutlich" oder „stark" fremdenfeindlicher Einstellung wählen würden, „wenn am nächsten Sonntag Wahlen wären". Zum Vergleich haben wir dieser Gruppe in Abbildung 15 (S. 64) die Befragten gegenübergestellt, die „gar nicht" bis „kaum" fremdenfeindlich eingestellt sind.[1] Die Ab-

---

1 Die „etwas" fremdenfeindlich eingestellten Befragten bleiben in der Abbildung unberücksichtigt.

bildung widerlegt zunächst noch einmal eindeutig die Pro-
testwahl-Hypothese: Von den (mehr als 900) Befragten, die
gegen die fremdenfeindlichen Parolen der rechtsextremen
Parteien weitgehend immun sind („gar nicht" oder „kaum"
fremdenfeindlich), würde gerade einer die „Republikaner" und
einer die NPD wählen. Von den fremdenfeindlich eingestellten Befragten dagegen erhielten die „Republikaner" gut 2, die
NPD knapp 3 Prozent der Stimmen.

Freilich ist bei der großen Mehrheit der Anhänger rechtsextremer Parteien in der Tat auch so etwas wie ein „Protestmo-
tiv" anzutreffen, eine ausgeprägte Unzufriedenheit mit Politik

Abbildung 15

Wählen „Fremdenfeinde" rechtsextreme Parteien?

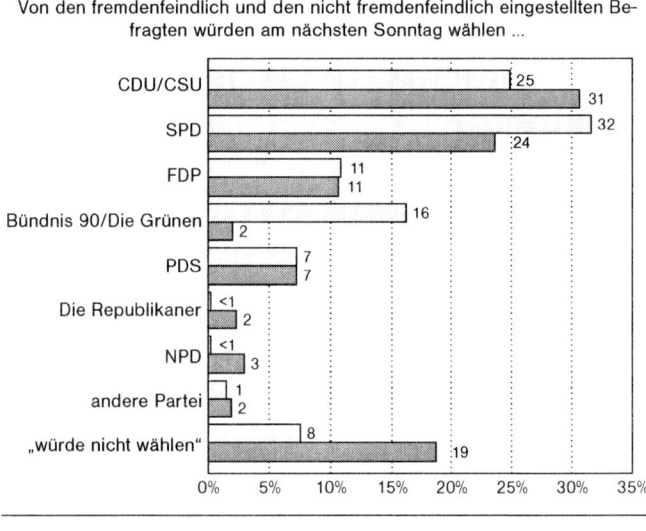

Von den fremdenfeindlich und den nicht fremdenfeindlich eingestellten Befragten würden am nächsten Sonntag wählen ...

Datenbasis: ALLBUS 2006

und Politikern. Glauben etwa schon 51 Prozent der Befragten insgesamt nicht daran, dass die gewählten Politiker „versuchen, ihre Versprechen aus dem Wahlkampf zu halten", so sind es von den Rechtswählern 69 Prozent. Dass sich die meisten Politiker „in Wirklichkeit gar nicht für die Probleme der einfachen Leute" interessieren, meinen gar 95 Prozent der NPD- und „Rep"-Anhänger (gegenüber 80 Prozent der Gesamtbevölkerung). Gleichwohl reichte eine solche „Politikverdrossenheit" allein kaum aus, um bei Wahlen für eine der Rechtsaußen-Parteien zu votieren, wenn nicht die Übereinstimmung mit den fremdenfeindlichen Positionen der Rechtsextremen hinzukäme. Unsere Analysen bestätigen und aktualisieren damit einen Befund, den Jürgen W. Falter schon im Februar 1994 erhoben hat: „Anfang 1994 scheint es so gut wie keine republikanischen Protestwähler zu geben, die politisch nicht zugleich extrem weit rechts stehen!"[1]

Gleichwohl machen die potentiellen „Rep"- und NPD-Wähler auch unter den Befragten mit fremdenfeindlicher Orientierung bei weitem nicht die Mehrheit aus. Vielmehr würde die Mehrheit der fremdenfeindlich eingestellten Befragten eine der „großen Volksparteien" wählen, 31 Prozent die CDU/CSU und 24 Prozent die SPD. Der Befund ist überdeutlich: Fremdenfeindliche Einstellungen sind nicht nur am rechten Rand der Wählerschaft verbreitet, sie reichen weit hinein in die Mitte der Gesellschaft.

Macht Arbeitslosigkeit fremdenfeindlich?

Zumindest in der politischen Alltagskommunikation, an Stammtischen wie an Rednerpulten gleichermaßen, hält sich hartnäckig die Meinung, Fremdenfeindlichkeit sei hierzulande vor allem eine Folge, gar ein Produkt von Arbeitslosigkeit, eine

---

1 Jürgen W. Falter: Wer wählt rechts? Die Anhänger rechtsextremistischer Parteien im vereinigten Deutschland, München 1994, S. 155.

Meinung immerhin, die die empirischen Fakten zunächst voll
und ganz zu bestätigen scheinen, wie wir mit den 1996er
ALLBUS-Daten gezeigt haben und jetzt durch die aktualisierten 2006er Daten abermals bestätigen können.

Wir greifen für diese Analyse wieder auf die Einteilung
zurück, die wir schon im letzten Kapitel im Zusammenhang
mit dem Nationalstolz vorgenommen hatten, und differenzie-
ren zwischen Personen, die zum Zeitpunkt der Befragung
arbeitslos waren, die den Verlust des Arbeitsplatzes befürchteten, die früher einmal arbeitslos waren, und solchen, die Arbeitslosigkeit bisher nicht erfahren haben und auch für die
Zukunft nicht befürchten. Berechnet man dann für jede dieser
Gruppen den Anteil fremdenfeindlich eingestellter Personen,
ergibt sich der in Abbildung 16 dargestellte, recht eindeutige
Befund. Immerhin 50 Prozent der Arbeitslosen im Osten und

Abbildung 16

Macht Arbeitslosigkeit fremdenfeindlich?

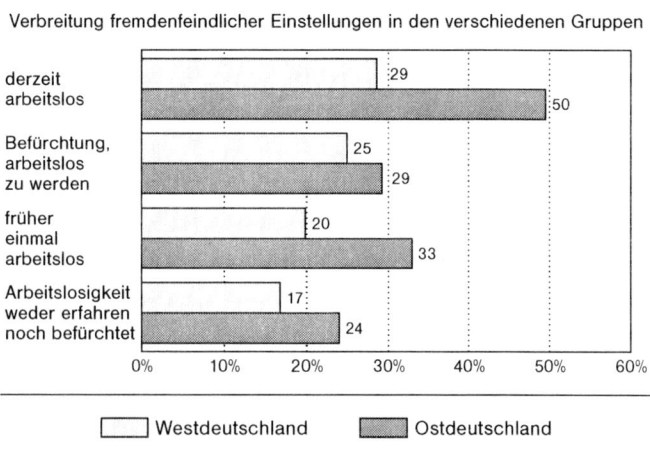

Verbreitung fremdenfeindlicher Einstellungen in den verschiedenen Gruppen

Datenbasis: ALLBUS 2006

29 Prozent im Westen haben eine fremdenfeindliche Einstellung. Und auch unter denen, die sich von Arbeitslosigkeit bedroht sehen oder früher schon einmal arbeitslos waren, sind fremdenfeindliche Einstellungen überdurchschnittlich verbreitet. Man kann also durchaus sagen, dass Arbeitslosigkeit fremdenfeindliche Einstellungen zumindest aktualisiert und verstärkt. Gleichwohl ist Fremdenfeindlichkeit damit keineswegs nur ein Problem der Arbeitslosen. Wechselt man auch hier, wie schon bei der Parteienpräferenz, noch einmal die Blickrichtung und untersucht, wie viele der fremdenfeindlich eingestellten Personen denn tatsächlich von Arbeitslosigkeit betroffen sind, erhält man das in Abbildung 17 vorgestellte Ergebnis: Ein großer Teil der fremdenfeindlich eingestellten Befragten im Osten (35 Prozent) und die Mehrheit fremdenfeindlicher Personen im Westen (59 Prozent) waren noch nie

Abbildung 17

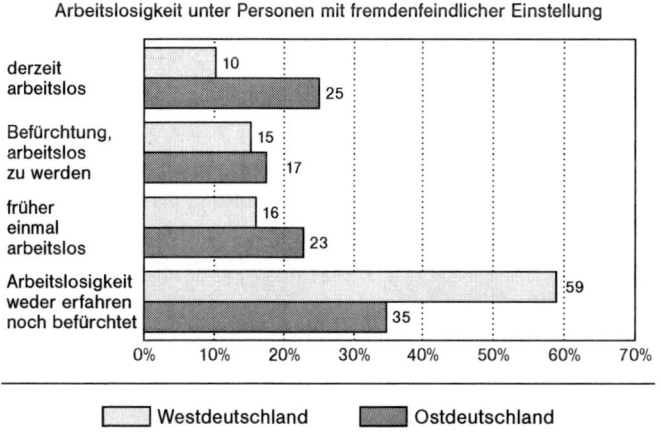

Sind „Fremdenfeinde" arbeitslos?

Arbeitslosigkeit unter Personen mit fremdenfeindlicher Einstellung

☐ Westdeutschland ■ Ostdeutschland

Datenbasis: ALLBUS 2006

arbeitslos oder von Arbeitslosigkeit bedroht. Fremdenfeindliche Orientierungen, so kann man folgern, werden zwar *auch* durch Arbeitslosigkeit und die Furcht vor ihr begünstigt, gefördert, aktualisiert. Wo die Welt in Ordnung ist oder zumindest scheint, braucht man die Sündenböcke ja erst gar nicht. Von Arbeitslosigkeit *verursacht* aber wird Fremdenfeindlichkeit so eindeutig, wie es das gängige Erklärungsmuster meint, eben nicht.

Ausländerfeindlichkeit braucht keine Ausländer

Schon mit dem Material des 1996er ALLBUS haben wir die Frage verfolgt und beantwortet, inwieweit die Anzahl der Ausländer in der Region, und damit erst die Möglichkeit negativer Erfahrungen mit ihnen, die fremdenfeindlichen Einstellungen der Deutschen mitbestimmen könnte. Die Antwort war damals verblüffend, und die Wiederholung der Analyse mit den aktualisierten ALLBUS-Daten von 2006 führt zu einem ähnlich verblüffenden Ergebnis.

In Abbildung 18 haben wir für 15 Bundesländer[1] jeweils zwei Werte dargestellt: den Anteil der fremdenfeindlich eingestellten Befragten und den Ausländeranteil an der Bevölkerung[2]. Schon auf den ersten Blick fällt ein eigentümlicher Kontrast auf: In den östlichen Bundesländern sind einerseits fremdenfeindliche Einstellungen besonders weit verbreitet – am stärksten in Sachsen-Anhalt, wo nach unserer Skala 38 Prozent der Befragten als „deutlich" oder „stark" fremdenfeindlich gelten können –, andererseits fällt der Ausländeranteil – mit Quoten zwischen 1,9 Prozent in Sachsen-Anhalt und 2,8 Prozent in Sachsen – im Osten erheblich geringer aus als im

---

1 Das Land Bremen konnte in die Analyse nicht einbezogen werden, da in Bremen insgesamt nur neun Personen befragt wurden

2 Daten zum Ausländeranteil nach: Statistische Ämter des Bundes und der Länder: Gebiet und Bevölkerung – Ausländische Bevölkerung, Stichtag 31.12.2006 (www.statistik-portal.de/Statistik-Portal/de_jb01_jahrtab2.asp).

Abbildung 18

Fremdenfeindlichkeit braucht keine Ausländer

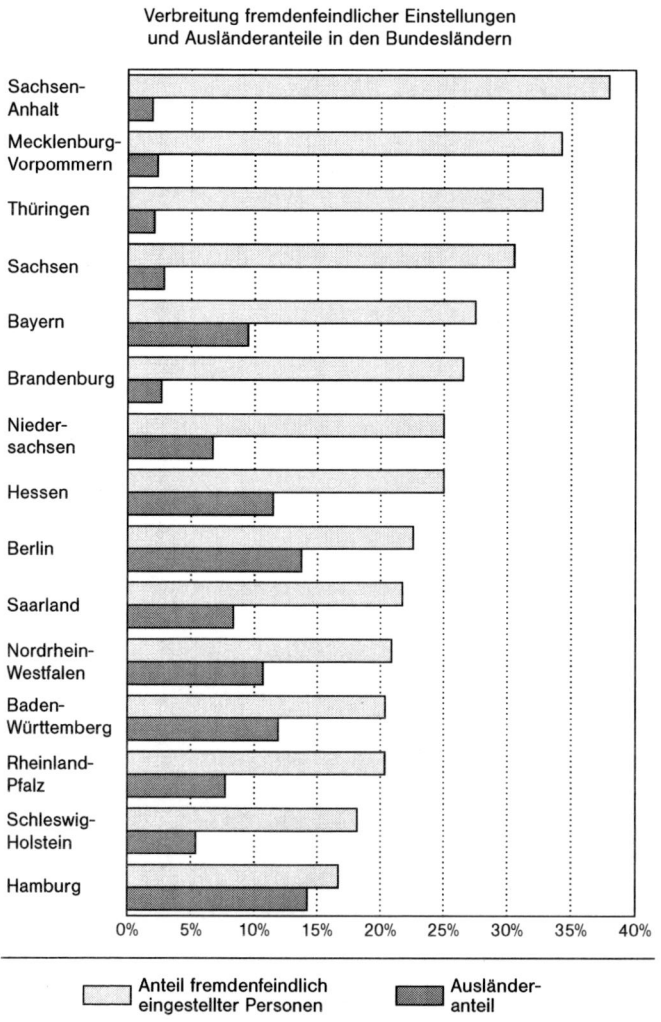

Verbreitung fremdenfeindlicher Einstellungen
und Ausländeranteile in den Bundesländern

Sachsen-Anhalt
Mecklenburg-Vorpommern
Thüringen
Sachsen
Bayern
Brandenburg
Niedersachsen
Hessen
Berlin
Saarland
Nordrhein-Westfalen
Baden-Württemberg
Rheinland-Pfalz
Schleswig-Holstein
Hamburg

0% 5% 10% 15% 20% 25% 30% 35% 40%

Anteil fremdenfeindlich
eingestellter Personen

Ausländeranteil

Datenbasis: Statistisches Bundesamt und ALLBUS 2006

Westen. Umgekehrt ist das Land Hamburg, das mit 14,2 Prozent den bundesweit höchsten Ausländeranteil aufweist, das Bundesland mit der geringsten Fremdenfeindlichkeit. Die hohe Fremdenfeindlichkeit im Osten der Republik kann also – das zeigt schon dieser Befund deutlich – kaum auf eine besondere Häufung „schlechter Erfahrungen" mit Ausländern oder auf irgendwelche „Grenzen der Aufnahmefähigkeit" zurückgeführt werden.

Das Ergebnis fällt ebenso eindeutig aus, wenn man den Zusammenhang von Fremdenfeindlichkeit und Ausländeranteil auf Kreisebene[1] analysiert (vgl. Abbildung 19). Fremdenfeindliche Einstellungen sind in Ostdeutschland mit Abstand am weitesten in solchen Kreisen verbreitet, in denen Ausländer *weniger* als 2 Prozent der Bevölkerung ausmachen. 35 Prozent der Befragten aus solchen Kreisen sind „deutlich" oder „stark" fremdenfeindlich eingestellt. Ein Vergleich mit dem Westen der Republik ist an dieser Stelle nicht möglich, da keiner der West-Befragten in einem Kreis mit solch niedrigem Ausländeranteil wohnt – im Osten sind es dagegen fast die Hälfte (46 Prozent) der Befragten. In den Kreisen mit höheren Ausländeranteilen fällt die Fremdenfeindlichkeit deutlich geringer aus. Man gewinnt angesichts solcher Befunde den Eindruck, die besonders hohe Fremdenfeindlichkeit im Osten könnte auch damit zusammenhängen, dass dort nicht etwa zu viele, sondern im Gegenteil zu wenige Ausländer leben. Diese These ist nur auf den ersten Blick paradox. Denn einerseits fällt es dem Vorurteilsvollen umso leichter, sein Vorurteil aufrecht zu halten, je weniger er mit dem Opfer seiner Vorurteile wirklich zu tun hat. Andererseits könnte die geringe Ausländerquote in weiten Teilen Ostdeutschlands bei manchem die

---

1 Die ALLBUS-Daten von 2006 enthalten für jeden Befragten den Ausländeranteil des jeweiligen Landkreises bzw. der kreisfreien Stadt. Diese Informationen basieren auf den Daten des Bundesamtes für Bauwesen und Raumordnung.

Phantasie nähren, das von rechtsextremen Gruppen propagierte Programm der von Ausländern „befreiten Zonen" könnte Aussicht auf „Erfolg" haben bzw. schon gehabt haben. Eines zumindest wird deutlich: Fremdenfeindlichkeit braucht keine Ausländer. Alle Erklärungsversuche, die die Fremdenfeindlichkeit hierzulande mit einer wachsenden „Belastung" durch Migranten in Verbindung bringen wollen, laufen angesichts solcher Befunde ins Leere.

Die subjektive Ansicht vieler Deutscher freilich sieht anders aus. Gut ein Drittel der Befragten (34 Prozent, vgl. Tabelle 5 auf Seite 55) fühlt sich „durch die vielen Ausländer in Deutschland zunehmend als Fremder im eigenen Land". Diese Meinung hat im Vergleich zur 1996er Umfrage sogar zugenommen, obwohl der tatsächliche Ausländeranteil von 1996 bis 2006 von 8,9 auf 8,2 Prozent leicht zurückgegangen

Abbildung 19

Ausländeranteil und Fremdenfeindlichkeit

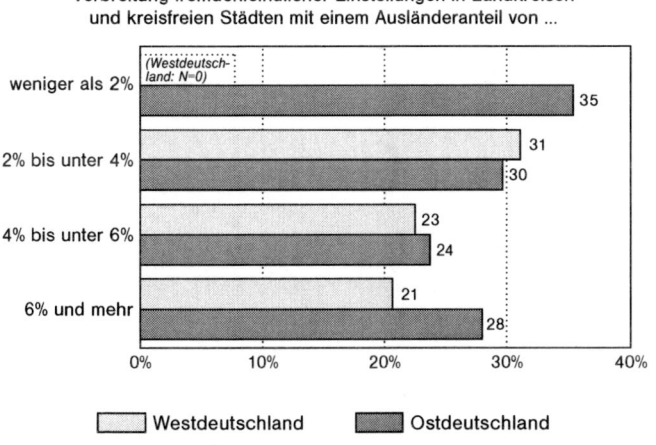

Verbreitung fremdenfeindlicher Einstellungen in Landkreisen und kreisfreien Städten mit einem Ausländeranteil von ...

	Westdeutschland	Ostdeutschland
weniger als 2% (Westdeutschland: N=0)		35
2% bis unter 4%	31	30
4% bis unter 6%	23	24
6% und mehr	21	28

Datenbasis: ALLBUS 2006

Tabelle 6

„Fremde im eigenen Land"

	Anteil an der Stichprobe		Durch die vielen Ausländer fühlt man sich zunehmend als Fremder im eigenen Land	
	West	Ost	West	Ost
Ausländeranteil im Kreisgebiet (nach Angaben des Bundesamtes für Bauwesen und Raumordnung)				
• weniger als 2 Prozent	–	46 %	–	34 %
• 2 bis unter 4 Prozent	15 %	36 %	39 %	23 %
• 4 bis unter 6 Prozent	15 %	8 %	30 %	23 %
• 6 Prozent und mehr	70 %	10 %	36 %	36 %
Wie viele Ausländer bzw. ausländische Familien wohnen hier in Ihrer Wohnumgebung?				
• Hier wohnen keine bzw. so gut wie keine Ausländer	32 %	73 %	36 %	29 %
• Hier wohnen einige Ausländer	49 %	24 %	34 %	28 %
• Hier wohnen viele/ überwiegend Ausländer	19 %	3 %	39 %	58 %

Datenbasis: ALLBUS 2006

ist[1]. Konfrontiert man solche Einschätzung mit den „harten Fakten", dann erweist sich die „Überfremdungsangst" als vorurteilsvolle Phantasie, weitgehend unabhängig vom realen Ausländeranteil im Kreisgebiet (vgl. Tabelle 6). So seltsam es ist: Auch von jenen Ost-Befragten, in deren Kreisgebiet Ausländer weniger als 2 Prozent der Bevölkerung ausmachen, fühlen sich 34 Prozent „zunehmend als Fremde im eigenen Land",

---

1 Vgl. Beauftragte der Bundesregierung für Migration, Flüchtlinge und Integration (Hrsg.): 7. Bericht über die Lage der Ausländerinnen und Ausländer in Deutschland, Berlin 2007, Tabellenanhang S. 9.

und im Westen ist diese Klage gerade in den Kreisen mit dem geringsten Ausländeranteil (2 bis unter 4 Prozent) besonders weit verbreitet. Selbst wenn man der „Überfremdungsangst" nicht die objektiven Daten des Bundesamtes für Bauwesen und Raumordnung gegenüberstellt, sondern die subjektive Einschätzung der Befragten, fällt der Befund erstaunlich aus. Auf die Frage: „Wie viele Ausländer bzw. ausländische Familien wohnen hier in Ihrer Wohnumgebung?" antworteten im Westen 32 Prozent, im Osten 73 Prozent mit „keine bzw. so gut wie keine Ausländer" – und auch von diesen Befragten fühlten sich 36 Prozent im Westen und 29 Prozent im Osten als „Fremde im eigenen Land".

Bildung und Fremdenfeindlichkeit

Im vorangegangenen Kapitel haben wir den Zusammenhang von (formaler) Bildung und der Neigung zum Nationalstolz beschrieben. Die sehr stolzen Deutschen waren besonders häufig unter den Befragten ohne bzw. mit einfachem Schulabschluss zu finden. Nationalstolz, so hatten wir den Befund interpretiert, hat für diese Personen durchaus eine kompensatorische Funktion (s. oben, S. 35 f.).

Geht man nun dem Zusammenhang von Fremdenfeindlichkeit und schulischer Bildung nach, ergibt sich ein ebenso eindeutiger Befund (vgl. Abbildung 20), der zudem die Ergebnisse zahlreicher früherer Untersuchungen[1] erneut bestä-

---

1 Vgl. etwa Alphons Silbermann/Francis Hüsers: Der „normale" Haß auf die Fremden, München 1995, S. 49 f.; Richard Stöss u.a.: Projekt „Gewerkschaften und Rechtsextremismus", Abschlussbericht, Berlin 2004, S. 160 ff.; Oliver Decker/Elmar Brähler: Vom Rand zur Mitte, S. 47 f.; vgl. auch die bei Wulf Hopf (Familiale und schulische Bedingungen rechtsextremer Orientierungen von Jugendlichen, in: Zeitschrift für Sozialisationsforschung und Erziehungssoziologie, Heft 1/1991, S. 43-59, hier S. 56 f.) und Albert Scherr (Soziale Identitäten Jugendlicher, Opladen 1995, S. 45) erwähnten Studien sowie die zusammenfassenden Befunde bei Kai Uwe Schnabel (Ausländerfeindlichkeit bei Jugendlichen in Deutschland, in: Zeitschrift für Pädagogik, Heft 5/1993, S. 799-822, hier S. 818).

Abbildung 20

Schulbildung und Fremdenfeindlichkeit

Verbreitung fremdenfeindlicher Einstellungen in den verschiedenen Gruppen

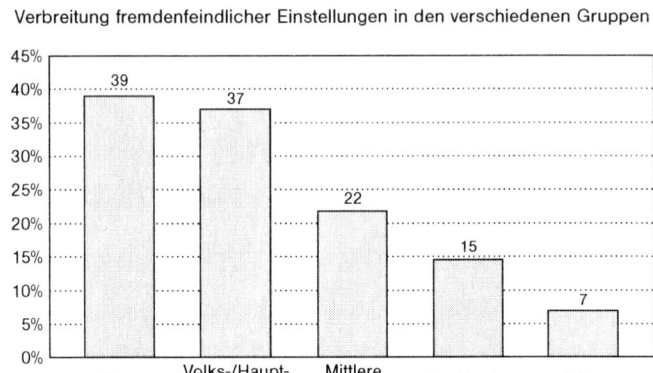

Datenbasis: ALLBUS 2006

tigt: Mit höherer formaler Schulbildung sinkt die Neigung zu fremdenfeindlichen Orientierungen. Der Anteil fremdenfeindlicher Personen fällt von 39 Prozent in der Gruppe der Befragten ohne Schulabschluss auf 7 Prozent unter den Befragten mit Hochschulreife.

Für diesen immer wieder erhobenen Zusammenhang bieten sich mindestens zwei Erklärungen an, die vermutlich beide bis zu einem gewissen Grad zutreffen. Zum einen hängt der Grad der Schulbildung mit einer Reihe weiterer Faktoren zusammen, die ihrerseits die Entwicklung und Verbreitung fremdenfeindlicher Denk- und Orientierungsmuster beeinflussen. So hängt die eingeschlagene Schullaufbahn nach wie vor

---

1 Polytechnische Oberschule mit Abschluss 8. oder 9. Klasse.
2 Polytechnische Oberschule mit Abschluss 10. Klasse.
3 Erweiterte Oberschule mit Abschluss 12. Klasse.

auch von der Schulbildung der Eltern ab[1] und ist damit zugleich ebenso ein Indikator für den Interaktions- und Erziehungsstil wie für die ökonomische Situation in der Herkunftsfamilie.

Vor allem aber läßt sich der signifikante Zusammenhang von Fremdenfeindlichkeit und Schulbildung durch zwei wesentliche Funktionen der Schule erklären, eine „negative" und eine „positive". Die Schule ist erstens *die* Institution, die Berufs- und Lebenschancen verteilt, der biographische Abschnitt, an dem wesentlich über die berufliche und ökonomische Zukunft entschieden wird. Die Schule produziert so notwendig auch die Verlierer des Bildungssystems, und diese Verlierer sind zumindest anfälliger für Fremdenfeindlichkeit, weil sie eben der Sündenbockpraktiken auch eher bedürfen.

Die Schule entscheidet zweitens aber nicht nur über Berufs- und Lebenschancen. Eine längere und anspruchsvollere Schulbildung vermittelt, so kann man durchaus annehmen, zugleich so etwas wie „Diskursfähigkeit" und umfangreicheres Wissen – Wissen unter anderem über politische und gesellschaftliche Zusammenhänge, das den allzu einfachen, vorurteilsvollen „Erklärungen" ein wenig entgegenwirkt.

Natürlich ist gelungene, erfolgreiche schulische Bildung keine „Schutzimpfung" gegen Fremdenfeindlichkeit, gar Rechtsextremismus, wie das bisweilen in der öffentlichen Debatte missverstanden wird. Auch unter den formal Gebildeten sind fremdenfeindliche Einstellungen noch reichlich zu finden. Gleichwohl könnte eine bessere Bildung für alle durchaus ein Beitrag auch zum Abbau von fremdenfeindlichen Vorurteilen sein. Aber, um sogleich Wasser in den Wein zu gießen, ist

---

1 Auch bei den 18- bis 25-Jährigen besteht noch – ebenso wie bei den älteren Befragten – ein hochsignifikanter Zusammenhang zwischen dem eigenen Schulabschluß und dem der Eltern. So liegt in dieser Altersgruppe der Anteil der Abiturientinnen und Abiturienten bei 13 Prozent, wenn beide Eltern einen Hauptschulabschluss haben, aber bei 63 Prozent, wenn mindestens ein Elternteil über die Hochschulreife verfügt.

solch bescheidener Optimismus aktuell nicht schon wieder
infrage gestellt durch einen Bildungs-„Fortschritt", der sich,
getrieben von positivistisch-verengten PISA- und anderen Debatten[1], vor allem an schnellen, berufseffizienten Qualifikatio-
nen, am Lernziel „Employability" orientiert und sich, modu-
larisiert und credit-gepunktet, sogar an den Universitäten in
eher reflexionsfreien Bachelor- und Masterstudiengängen längst
etabliert hat?

Nationalstolz und Fremdenfeindlichkeit

Der mehr oder weniger ausgeprägte Stolz der Deutschen,
Deutsche zu sein, und der fatale, gar nicht seltene Zusammenhang mit fremdenfeindlicher Einstellung, von uns in der bisherigen Darstellung immer wieder angesprochen und be-
hauptet, lässt sich mit den Antworten und Daten des ALLBUS
von 2006 empirisch eindeutig belegen und sichtbar machen
(vgl. Abbildung 21).

Natürlich finden sich auch unter jenen, die „gar nicht stolz"
sind, Deutsche zu sein, Personen mit fremdenfeindlicher Einstellung, aber unter den „sehr stolzen" Deutschen ist der Anteil
der Personen mit fremdenfeindlichen Vorurteilen mehr als
doppelt so groß. Auch bei den „nicht sehr" und „ziemlich
Stolzen" steigt dieser Anteil schon an. Fremdenfeindlichkeit,
so kann man empirisch gesichert bilanzieren, wird durch na-
tionalstolze Gesinnung provoziert, befördert, geht zumindest
oft mit ihr einher. Die öffentlich inzwischen allgegenwärtige
Feier des neuen, scheinbar und angeblich unverkrampften,
ganz normalen Stolzes der Deutschen auf ihr deutsches Vaterland sollte einen solchen Zusammenhang zur Kenntnis und
ernst nehmen. Nationalstolz ist ohne Exklusion, ohne Aus-

---

1 Vgl. dazu Arnold Langenmayr: Pisa und die Folgen, in: Psychologie &
  Gesellschaftskritik, Heft 1/2004, S. 119-128; Thomas Janke: Die PISA-
  Unternehmer. Eine Kritik, in: Forschung & Lehre, Heft 1/2008, S. 26 f.

Abbildung 21

Nationalstolz und Fremdenfeindlichkeit

Verbreitung fremdenfeindlicher Einstellungen in den verschiedenen Gruppen

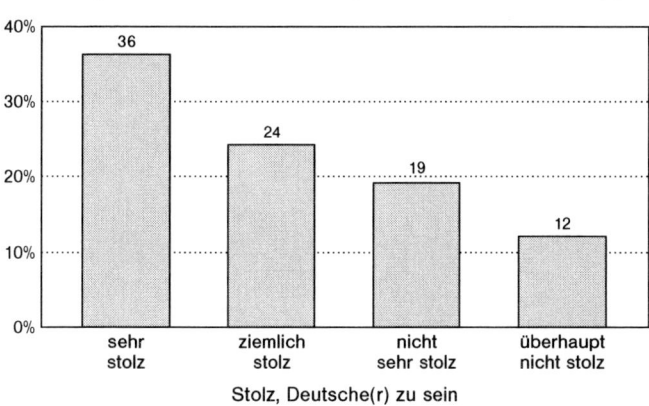

Stolz, Deutsche(r) zu sein

Datenbasis: ALLBUS 2006

grenzung der Fremden und Anderen so einfach nicht zu haben – eine Tatsache, die, wie wir im nächsten Kapitel zeigen werden, nicht nur in Deutschland, sondern auch für das zusammenwachsende Europa Probleme schafft bzw. schaffen könnte.

Nationalismus und die Festung Europa

Der mit dem neuen Nationalstolz verbundene Normalisierungsdiskurs hierzulande weist gern auf die nationalen, ja nationalistischen Einstellungen und Attitüden der anderen hin. Und solcher Hinweis wäre, wenn er nicht mit der schuldumkehrenden Klage „Man soll uns Deutsche doch endlich wieder normal werden und von unserer Vergangenheit endlich unbehelligt lassen" verbunden wäre[1], durchaus ernst zu nehmen. Denn das geeinigte Europa ist – paradox genug – ein Europa der Nationalismen, die in Zeiten der Globalisierung ganz offenkundig Konjunktur haben. Da ist Deutschland, was die Ausprägung des Nationalstolzes seiner Bürger angeht, unter den Staaten Europas sogar das Schlusslicht.

13 Prozent der deutschen Befragten gaben in der Erhebung des „International Social Survey Programme's" (ISSP)[2] von 2003 an, sie seien „sehr stolz", Deutsche zu sein, weitere 43 Prozent waren „ziemlich stolz", 22 Prozent „nicht sehr stolz" und nur 8 Prozent wählten die Antwort „überhaupt nicht stolz"[3]. Im Vergleich zum europäischen „Durchschnitt"[4] ist

---

1 Vgl. dazu das Kapitel „Schlussstrich-Mentalität und Antisemitismus", S. 97 ff.

2 Zum „ISSP" s. oben, S. 11 f.

3 13 Prozent der deutschen Befragten wählten die Antwortvorgabe „kann ich nicht sagen". Diese Antwort ist in den ALLBUS-Erhebungen nicht enthalten und wurde deshalb in der Tabelle auf S. 24 nicht berücksichtigt. Dadurch fallen die Prozentzahlen in der Tabelle höher aus als die hier vorgestellten.

4 Für die Berechnung europaweiter Ergebnisse wurden die Daten so gewichtet, dass alle beteiligten Länder – unabhängig von der tatsächlichen Einwohnerzahl – mit demselben Gewicht in das Gesamtergebnis eingehen. Ausgewertet wurden nur die Antworten der jeweils „einheimischen" Befragten.

dieser ja schon recht ausgeprägte Nationalstolz noch eher zurückhaltend. Europaweit sind 38 Prozent der Befragten „sehr stolz" auf ihre jeweilige Nationalität, 45 Prozent „ziemlich stolz", 11 Prozent „nicht sehr stolz" und gerade 3 Prozent „überhaupt nicht stolz". Die Abbildung 22 zeigt den Anteil der „sehr" und „ziemlich" Nationalstolzen in den einzelnen Ländern, die sich an der ISSP-Erhebung beteiligt haben. In den meisten Ländern liegt dieser Anteil über 80 Prozent, in

Abbildung 22

Nationalstolz in Europa

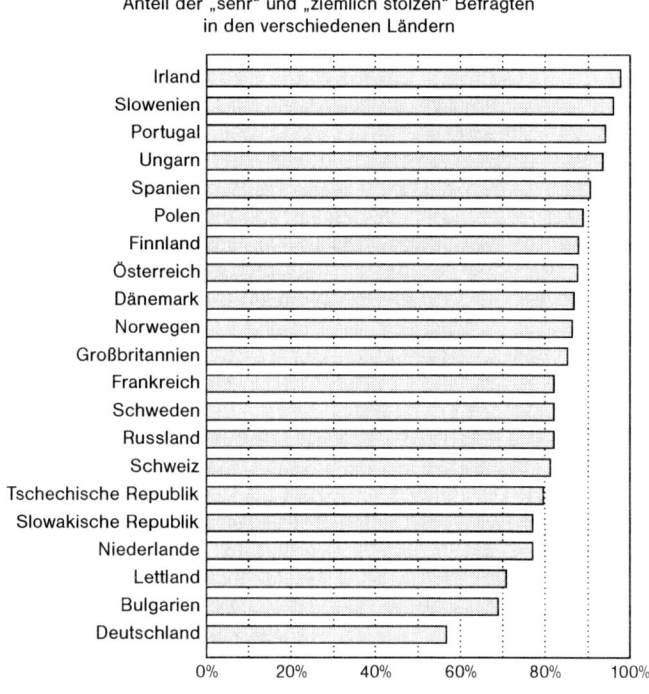

Anteil der „sehr" und „ziemlich stolzen" Befragten
in den verschiedenen Ländern

Datenquelle: ISSP 2003

Irland, Slowenien, Portugal, Ungarn und Spanien sind sogar mehr als 90 Prozent der Befragten „sehr" oder „ziemlich stolz" auf ihre Nation bzw. Nationalität.

Untersucht man den Einfluss des Alters und des Geschlechts, dann zeigt sich in vielen Ländern ein Trend, wie wir ihn bereits für Deutschland feststellen konnten: Offenbar nimmt der Nationalstolz auch europaweit gerade unter den Jüngeren, in einigen Ländern vor allem unter den jungen Männern, wieder zu. Die Abbildung 23 dokumentiert diese Entwicklung für die europäischen Länder insgesamt. Während der Anteil der Befragten, die auf ihre Nationalität „sehr stolz" sind, von der ältesten Altersgruppe bis zu der Gruppe der 26- bis 35-Jährigen kontinuierlich zurückgeht, ist bei den 18- bis 25-jährigen Männern wieder ein Anstieg zu beobachten.

Abbildung 23

Alter, Geschlecht und Nationalstolz

Anteil der „sehr stolzen" Befragten in den verschiedenen Gruppen

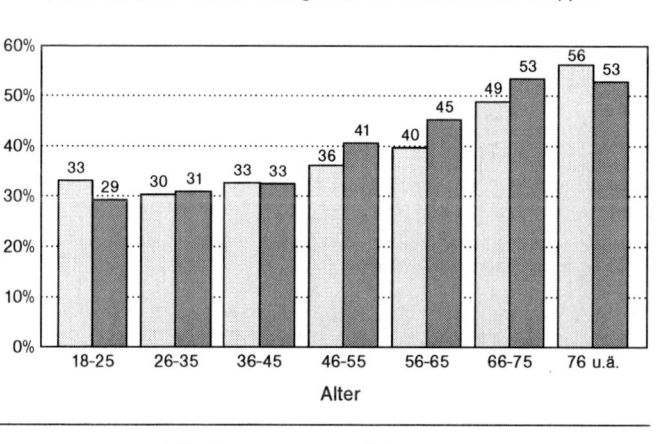

Datenbasis: ISSP 2003

Nicht selten ist solcher Nationalstolz mit einer ausgeprägten nationalen Überheblichkeit verbunden. So stimmen mehr als ein Viertel der Europäer der reichlich überheblichen Aussage zu „Die Welt wäre besser, wenn die Menschen in anderen Ländern eher so wären wie die Deutschen" (bzw. die Österreicher, die Polen, die Franzosen etc.), ein Drittel der europäischen Befragten meint, man solle sein eigenes Land unterstützen, „selbst wenn sich das Land im Unrecht befindet", und fast die Hälfte plädiert dafür, die Interessen des jeweils eigenen Landes auch dann durchzusetzen, „wenn dies zu Konflikten mit anderen Ländern führt" (vgl. Tabelle 7).

Im Blick auf das gemeinsame Europa haben diese Befunde etwas Irritierendes, Widersinniges: Es kann nicht gutgehen für Europa, wenn in jedem einzelnen Land ein großer Teil der Bevölkerung ernsthaft der Meinung ist, die anderen müssten, damit die Welt besser wäre, nur so werden wie das eigene Volk

Tabelle 7

Nationale Überheblichkeit in Europa
Zustimmung zu den einzelnen Aussagen

Ich möchte lieber ein Bürger/eine Bürgerin [Deutschlands] als irgendeines anderen Landes auf der Welt sein.	69 %
Die Welt wäre besser, wenn die Menschen in anderen Ländern eher so wären wie die [Deutschen].	26 %
Im Großen und Ganzen ist [Deutschland] ein besseres Land als die meisten anderen Länder.	42 %
Jede/r sollte ihr/sein Land unterstützen, selbst wenn sich das Land im Unrecht befindet.	33 %
[Deutschland] sollte seine eigenen Interessen verfolgen, selbst wenn dies zu Konflikten mit anderen Ländern führt.	48 %
Ich bin sehr stolz, [Deutsche(r)] zu sein.	38 %

Datenbasis: ISSP 2003

und das eigene Land verdiene, selbst wenn es im Unrecht sei, unbedingte Unterstützung und solle die jeweiligen Landesinteressen notfalls im Konflikt durchsetzen.

Besonders häufig werden solche Positionen von denen vertreten, die auf die je eigene Nation besonders stolz sind. So sind beispielsweise 58 Prozent der „sehr" Nationalstolzen bereit, für die Verwirklichung der Landesinteressen Konflikte mit anderen Ländern in Kauf zu nehmen. Und auch wenn der Stolz auf die Nation in Deutschland noch nicht ganz so weit verbreitet ist wie im übrigen Europa, liegen die Deutschen doch, was den engen Zusammenhang von Nationalstolz und nationaler Überheblichkeit angeht, voll im europäischen Trend: Auch von den „sehr stolzen" Deutschen fordern 59 Prozent, „Deutschland sollte seine eigenen Interessen verfolgen, selbst wenn dies zu Konflikten mit anderen Ländern führt". Der Stolz auf die Eigengruppe und die Geringschätzung der Anderen, auch der europäischen Nachbarn, liegen eben dicht beieinander.

Dieser europäische Nationalismus oder besser der Nationalismus in den einzelnen europäischen Staaten hat – genau wie es unser Befund für Deutschland ergeben hat – gravierende Nebenwirkungen, ist mit Exklusionsphantasie und -praxis verbunden. Politisch besonders deutlich wird das in der vieldiskutierten Flüchtlingsfrage und Asylpraxis.

Fremdenfeindlichkeit und Abschottungsmentalität

Wir haben in Europa gemeinsam unsere Grenzen dichtgemacht, ein merkwürdiger Konsens, ein Fundament der Ausgrenzung und Abgrenzung, auf dem das neue Europa stehen soll, nachdem es gerade erst versucht hat, seine unselige Vergangenheit der nationalen Aus- und Abgrenzung hinter sich zu lassen. Die Zahl der Asylbewerber in Europa ist in wenigen Jahren um mehr als die Hälfte zurückgegangen. Sie sank nach Angaben des Hohen Flüchtlingskommissars der Vereinten

Nationen (UNHCR) von 481.740 im Jahr 2002 auf 223.990 im Jahr 2006[1] und fiel in vielen Ländern auf den tiefsten Stand seit etlichen Jahren, ja seit Jahrzehnten. Besonders drastisch zeigt sich diese Entwicklung in Deutschland. Hier ging die Zahl der Asylanträge von 2001 bis 2005 auf weniger als ein Drittel (von 71.000 auf 21.000) zurück und erreichte den niedrigsten Stand seit 1983[2]. Und die Chance, in Deutschland tatsächlich Asyl zu erhalten, tendiert gegen Null. Im Jahr 2006 wurden gerade 251 Flüchtlinge als Asylberechtigte anerkannt[3] – gegenüber dem Stand von 1997 (8.443 anerkannte Asylberechtigte) ein Rückgang um 97 Prozent.

Die Festung Europa steht, mit gravierenden, in ihrem Ausmaß oft kaum bekannten Folgen. Von 2002 bis 2004 kamen „offiziell" über 1.000 Menschen an den europäischen Außengrenzen ums Leben.[4] Flüchtlinge und Migranten, so hat Karl Kopp von „Pro Asyl" schon zum Tag des Flüchtlings am 1. Oktober 2004 bitter bilanziert, „sterben in den Minenfeldern zwischen Griechenland und der Türkei, ertrinken in der Ägäis, vor den Küsten Italiens, in der Meeresenge von Gibraltar und auf dem Weg zu den Kanarischen Inseln", und der Preis solcher Abschottung werde bei den europäischen Politikern „abgebucht im Haushaltskapitel ‚Bekämpfung der illegalen Migration'"[5]. Allein im November und Dezember 2005 sollen, so

---

1 Vgl. United Nations High Commissioner for Refugees: Asylum Levels and Trends in Industrialized Countries, 2006. Overview of Asylum Applications Lodged in Europe and Non-European Industrialized Countries in 2006, Genf 2007, S. 10.

2 Vgl. ebd. S. 4.

3 Weiteren 1.097 Flüchtlingen wurde „Abschiebungsschutz" gewährt (sog. „kleines Asyl"). Auch diese Zahl ist seit 1997 (9.779) dramatisch zurückgegangen. Vgl. Bundesamt für Migration und Flüchtlinge (Hrsg.): Asyl in Zahlen, 15. Aufl., Nürnberg 2007, S. 39.

4 Vgl. Karl Kopp: Europäisches Asylrecht oder kollektiver Ausstieg aus dem internationalen Flüchtlingsschutz?, in: Europa macht dicht. Tag des Flüchtlings 2004, hrsg. von Pro Asyl, Franfurt/M. 2004, S. 2-6, hier S. 3.

5 Ebd.

die mauretanische Regierung, 1.200 bis 1.700 Flüchtlinge im
Atlantik, auf dem Weg zu den Kanaren ihr Leben verloren
haben[1]. Längst findet die Flüchtlingsabwehr und Migrations-
kontrolle weit vor den Grenzen der EU statt. Gerade die Ende
2005 von den EU-Innenministern gegen den Willen des Eu-
roparlaments beschlossene sogenannte Asylverfahrensricht-
linie macht eine weitgehende Auslagerung des „Flüchtlings-
schutzes", d.h. besser des Schutzes *vor* Flüchtlingen, in Her-
kunftsregionen oder Transitstaaten möglich. Konsequent zu
Ende gedacht und in politisches Handeln umgesetzt hat das
vor einiger Zeit der deutsche Verteidigungsminister Franz Josef
Jung. Er begründete den Kongo-Einsatz deutscher Soldaten
fast selbstverständlich so: „Eine stabile, friedliche und demokratische Entwicklung im Kongo ist auch mit Blick auf das
Thema Migration für uns in Deutschland von großer Wich-
tigkeit. Deshalb bin ich dankbar, dass wir uns in Europa gemeinsam einsetzen."[2] Vorbereitet wurde solche „Selbstver-
ständlichkeit" in Deutschland schon länger. Im Jahr 2000 be-
schrieb z.B. der CDU-Bundestagsabgeordnete Werner Siemann
die zukünftigen sicherheitspolitischen Aufgaben der Bundes-
wehr und nannte als Probleme, die es zu lösen gelte, erstens
die „Proliferation von Massenvernichtungswaffen nuklearer,
biologischer und chemischer Art", zweitens den „Staatsterro-
rismus" und drittens „Migration und grenzüberschreitende
organisierte Kriminalität"[3], wobei gerade das letzte Begriffs-
paar dem Autor die Lufthoheit über allen Stammtischen hätte
garantieren können.

---

1 Reiner Wandler: Kriegsmarine gegen Flüchtlinge. Wie Spaniens Militär im
Atlantik vor den Kanaren Bootsflüchtlinge aus Afrika abwehrt, in: „die tageszeitung" vom 8.5.2006, S. 10.

2 Franz Josef Jung: Unser Beitrag für Stabilität in Afrika, 19.5.2006, Internetseite des Bundesministeriums der Verteidigung (www.bmvg.de in der
Rubrik: Ministerium > Der Minister > Kolumnen).

3 Werner Siemann: Von der Kriegsverhinderung hin zur aktiven Friedensgestaltung, in: Evangelische Verantwortung, Heft 3/2000, S. 4 f., hier S. 4.

Fatalerweise – und das ist nicht gerade günstig für eine künfti-
ge humane Flüchtlings- und Asylpolitik an den Grenzen und
im Inneren Europas – können sich die verschiedenen Varian-
ten europäischer Abschottungspolitik auf eine breite Grundstimmung in den europäischen Gesellschaften berufen, die die
Festung Europa noch besser „sichern" will. Immerhin 75 Prozent der Europäer stimmten in der ISSP-Befragung von 2003
der Forderung zu, man solle „härtere Maßnahmen ergreifen,
um illegale Zuwanderer abzuwehren" (vgl. Tabelle 8), was
angesichts der Opfer an Europas Außengrenzen und angesichts
der oft erbärmlichen, inhumanen, zumindest diskriminieren-
den (Haft-)Bedingungen für Asylbewerber nicht nur ein hohes
Maß an Abschottungsdenken, sondern auch einen weitgehen-
den Mangel an Empathie signalisiert. Und die Zustimmung zu
solcher Forderung ist gepaart mit tiefsitzenden Ressentiments

Tabelle 8

Fremdenfeindliche Abschottungsmentalität in Europa
Zustimmung zu den einzelnen Aussagen

Zuwanderer erhöhen die Kriminalitätsrate.	54 %
Zuwanderer sind im Allgemeinen *nicht* gut für die [deutsche] Wirtschaft.	35 %
Zuwanderer nehmen Menschen, die in [Deutschland] geboren sind, Arbeitsplätze weg.	38 %
Zuwanderer bereichern [Deutschland] *nicht* durch neue Ideen und Kulturen.	26 %
Der Staat gibt zuviel Geld aus, um Zuwanderer zu unterstützen.	45 %
Ausländern sollte es nicht erlaubt sein, in [Deutschland] Grund und Boden zu erwerben.	42 %
Die Zahl der Zuwanderer nach [Deutschland] sollte deutlich ver- ringert werden.	28 %
[Deutschland] sollte härtere Maßnahmen ergreifen, um illegale Zuwanderer abzuwehren.	75 %

Datenbasis: ISSP 2003

gegenüber Fremden und Ausländern, alles in allem eine fremdenfeindliche Abschottungsmentalität. So finden die schon „klassischen", immer noch gängigen und im politischen Alltagsdiskurs gern benutzten Vorurteile, dass Zuwanderer der einheimischen Bevölkerung Arbeitsplätze wegnähmen und besonders kriminell seien, Zustimmung bei 38 bis 54 Prozent der Europäerinnen und Europäer.

Um die Verbreitung dieser fremdenfeindlichen Grundstimmung in Europa genauer zu analysieren, haben wir, wie schon im vorangegangenen Kapitel anhand der deutschen ALLBUS-Daten, die Meinungen der Befragten zu den einzelnen Aussagen der Tabelle 8 zu einem einzigen „Skalenwert" verdichtet, indem wir für jede Person die Anzahl der „fremdenfeindlichen" Antworten bestimmt haben. Und wieder sprechen wir erst dann von „Fremdenfeindlichkeit", wenn jemand mindestens der Hälfte der fremdenfeindlichen Aussagen zugestimmt hat, so bedenklich auch die Zustimmung schon zu einzelnen Aussagen sein mag. Im Ergebnis können wir bei fast der Hälfte, nämlich bei 46 Prozent der europäischen Befragten von einer vorurteilsvollen, ab- und ausgrenzenden Haltung gegenüber Fremden und Zuwanderern ausgehen. Die Abbildung 24 (S. 88) dokumentiert den Befund für die verschiedenen Länder.

Im Verhältnis eher gering, gleichwohl mit ca. 30 Prozent doch auch schon groß ist die Verbreitung fremdenfeindlicher Ressentiments in Schweden, Spanien und der Schweiz, auffallend hoch, mit Quoten zwischen 60 und 70 Prozent, ist die Zustimmung zu fremdenfeindlichen Vorurteilen in Russland, Ungarn und der Tschechischen Republik. Und auch die deutschen Befragten liegen mit 51 Prozent über dem europäischen Durchschnitt und erreichen in dieser unrühmlichen Rangreihe immerhin den sechsten „Platz".[1]

---

1 Der Osten der Republik, wertet man ihn getrennt aus, gehört mit einem Anteil von 60 Prozent fremdenfeindlich eingestellter Befragter sogar zum europäischen „Spitzenfeld".

Abbildung 24

Fremdenfeindliche Einstellungen in Europa

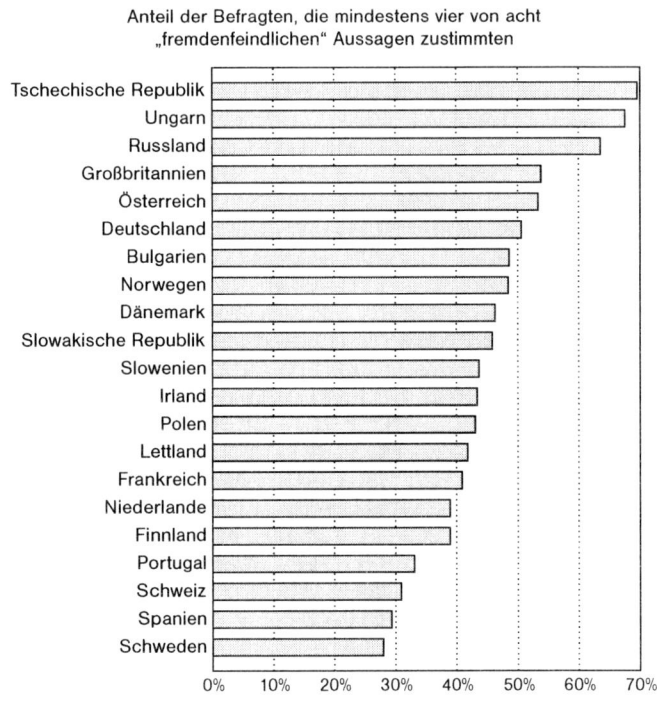

Anteil der Befragten, die mindestens vier von acht
„fremdenfeindlichen" Aussagen zustimmten

Datenbasis: ISSP 2003

Differenziert man auch hier wieder nach Alter und Geschlecht, bestätigt sich der Befund, den wir bereits für Deutschland festgestellt haben, auch auf europäischer Ebene (vgl. Abbildung 25): Fremdenfeindliche Einstellungen konzentrieren
sich, anders als fremdenfeindliche Gewalt, nicht auf die jungen
Männer. Zwischen Männern und Frauen zeigen sich nur
geringe Unterschiede und was das Alter angeht, sind es eher
die älteren Befragten, unter denen fremdenfeindliche Ressenti-

Abbildung 25

Alter, Geschlecht und Fremdenfeindlichkeit

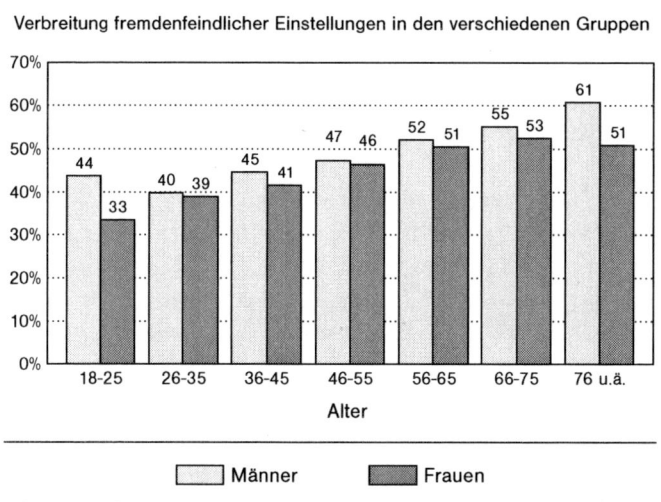

Verbreitung fremdenfeindlicher Einstellungen in den verschiedenen Gruppen

Datenbasis: ISSP 2003

ments und Exklusionswünsche besonders weit verbreitet sind. Allerdings ist eben in vielen europäischen Ländern, unterschiedlich stark ausgeprägt, ein Trend zu beobachten, der sich auch im europäischen Gesamtergebnis niederschlägt und den wir auch schon in Deutschland beobachten konnten: Gerade unter den jüngeren Befragten, und oft in der Tat vor allem unter den jüngeren Männern, nimmt die Fremdenfeindlichkeit wieder zu.

„Neuer Kapitalismus", Exklusion und Kompensation

Im Zeitalter der „postnationalen Konstellation" so hat Johannes Schillo, einen Begriff von Habermas aufnehmend, in einem Aufsatz über „Die Liebe zum Vaterland in Zeiten der Globalisierung" festgestellt, müsste doch „die Begeisterung pro

patria an Bedeutung" verlieren, um dann irritiert fortzufahren:
„Doch dem ist nicht so. Die Frage nach nationaler Identität,
Identifikation und Begeisterung erfährt heute neuen Nachdruck und wird so auch als Herausforderung einer politischen
Pädagogik wieder auf die Tagesordnung gesetzt, im Widerspruch zu den Anforderungen, die sich aus dem fortschreiten-
den Prozess der Internationalisierung und Europäisierung
ergeben."[1]

Der Widerspruch freilich liegt in den Folgen und Wirkungen des globalisierten und neoliberalen Kapitalismus selbst,
der neue Nationalismus erweist sich als nützlich, wird gebraucht, eben um die Folgen der Internationalisierung und
Europäisierung zu kompensieren, zumindest abzufedern.

Der in Europa ubiquitäre Stolz auf das eigene Land und die
jeder humanen „Gestaltung" des Migrations- und Flüchtlings-
problems an den Grenzen und in der Mitte des Kontinents
abträgliche fremdenfeindliche Abschottungsmentalität werden
gespeist von tief verwurzelten, oft latenten Vorurteilen gegenüber den Fremden und Anderen und dem aktuellen Gefühl
der sozialen und ökonomischen Bedrohung. Die absolute
Flexibilität und Mobilität, die der weltweit siegreiche Kapitalismus den Individuen allenthalben abverlangt, fordern ihren
Tribut, wirken tief verunsichernd mit ihren Zumutungen an
das Subjekt, stellen alle Lebensbereiche infrage und bereiten so
auch den Boden für Sündenbock- und Abschottungsmecha-
nismen, für Fremdenfeindlichkeit und schließlich auch für
rechtsextreme Gewalt.

„Als Warenbesitzer", so hat es Joachim Hirsch einmal prägnant formuliert, „sind die Menschen isolierte Atome und
‚Weltbürger' zugleich"[2]. Und je mehr sich das Kapitalverhält-

---

1 Johannes Schillo: Die Liebe zum Vaterland in Zeiten der Globalisierung,
  in: Praxis Politische Bildung, Heft 2/2007, S. 85-92, hier S. 85.

2 Joachim Hirsch: Der nationale Wettbewerbsstaat. Staat, Demokratie und
  Politik im globalen Kapitalismus, Berlin/Amsterdam 1995, S. 37.

nis weltweit durchsetze, desto mehr fühlten sich die Menschen einer „gesellschaftlichen Maschinerie"[1] preisgegeben, die undurchschaubar und unbeeinflussbar erscheint. Unsicherheit, Ungewissheit, Angst, „Identitätsprobleme" sind die Folge. Gerade hier nun versprechen die Verlockungen der „modernen Nationalismen", soziale Einbindungen und Sinnzusammenhänge neu zu rekonstruieren, und sie greifen dabei fast notwendig auf jenes vorurteilsvolle Abgrenzungsinventar zurück, das sich gegen die Fremden und Anderen „da draußen" wendet.

Als konsequente Folge neoliberaler Politik hat sich –unterschiedlich stark ausgeprägt – eine, wie Christoph Deutschmann es nennt, „Ideologie des totalen Unternehmertums"[2] durchgesetzt, die den Arbeitnehmer selbst zum Konkurrenten macht, der sich in der Konkurrenz des Marktes behaupten muss, und die in Deutschland zum Beispiel in Zusammenhang mit den sogenannten Hartz-Gesetzen zu dem perversen Begriff der „Ich-AG" geführt hat. Der Konkurrenzkampf an allen Fronten, so beschreibt es Deutschmann, überfordert die Individuen maßlos, führt zu einem „Gefühl permanenten Ungenügens und Versagens"[3] und bringt sie in der Folge dazu, sich einerseits von kollektiven Formen der Interessenvertretung abzuwenden und sich andererseits bei noch Schwächeren schadlos zu halten.

Tief verunsichernd wirken auch die Widersprüche und Zumutungen, die im Ensemble der aktuell propagierten Qualifikationsanforderungen und in den betrieblichen Formierungskonzepten verborgen sind. Die Inflation von Sozialtechniken in Weiterbildung und Personalentwicklung, Konzepte etwa wie „Unternehmenskultur", „Corporate Identity", ja sogar „Corporate Dreaming", wollen zu den von Soziologen und

---

1 Ebd. S. 38.

2 Christoph Deutschmann: Die Verheißung des absoluten Reichtums. Zur religiösen Natur des Kapitalismus, Frankfurt/New York 1999, S. 168.

3 Ebd. S. 169.

Pädagogen eifrig beschworenen Individualisierungstendenzen
so recht nicht passen. Der hehre Anspruch, mit der Vermitt-
lung von Schlüsselqualifikationen die Persönlichkeit zur Ent-
faltung kommen zu lassen, schlägt allzu leicht um in bloße
Sozialtechnik, die das Individuum ganz und gar funktio-
nalisiert. Die Ware Arbeitskraft verändert sich, und „moderne"
Personalentwicklungs- und Weiterbildungskonzepte helfen
dabei. Jetzt wird auch die Psyche, die „ganze Persönlichkeit",
wird auch das Individuelle, einstmals Private zu Markte getragen. Alles am Menschen wird arbeits- und produktions-
konform.[1] Das ökonomisch Nützliche bleibt stets dominant.
Es fordert die allseitige physische und psychische Verfügbar-
keit der noch immer *abhängig* Beschäftigten, es fordert die
Identifikation *aller* mit Unternehmenszielen, die *wenige* for-
mulieren, es fordert Anpassung mit dem Schein des Unange-
passten, fordert Kritik, begrenzt durch den Begriff des Nützli-
chen, will Teamarbeit und Konkurrenz zugleich. Es fordert vor
allem und lebenslänglich: Mobilität und Flexibilität, die stän-
dige Bereitschaft der Beschäftigten, auch Arbeitsstelle und
Wohnort zu wechseln, sich auf neue Arbeitsformen und Pro-
duktionsweisen einzustellen. Die psychischen Folgen dieser
permanenten Zumutungen sind alles andere als persönlich-
keitsfördernd: Die „Ungewißheiten der Flexibilität; das Fehlen
von Vertrauen und Verpflichtung; die Oberflächlichkeit des
Teamworks; und vor allem die allgegenwärtige Drohung, ins
Nichts zu fallen", das macht, so diagnostiziert Richard Sennett, „die emotionalen Bedingungen modernen Arbeitens"[2]
aus. Das so überforderte Individuum reagiert darauf u.a. mit

---

1 Dazu ausführlicher Klaus Ahlheim: Qualifizierung und Bildung oder die
   Fortdauer einer Differenz, in: Klaus Ahlheim/Walter Bender (Hrsg.): Lernziel Konkurrenz?, Opladen 1996, S. 85-97.
2 Richard Sennett: Der flexible Mensch. Die Kultur des neuen Kapitalismus,
   3. Aufl., Berlin 1998, S. 189 f. Der amerikanische Originaltitel „The Cor-
   rosion of Charakter. The Personal Consequences of Work in the New
   Capitalism" beschreibt übrigens den dramatischen Tatbestand viel präziser.

Tabelle 9

Fremdenfeindlichkeit und Nationalstolz als Kompensation

	Zustimmung der Befragten ...	
	mit hohem Einkommen (oberes Viertel)	mit geringem Einkommen (unteres Viertel)
Zuwanderer nehmen Menschen, die in [Deutschland] geboren sind, Arbeitsplätze weg.	29 %	46 %
Die Zahl der Zuwanderer nach [Deutschland] sollte deutlich verringert werden.	23 %	36 %
[Deutschland] sollte die Einfuhr ausländischer Produkte beschränken, um seine eigene Wirtschaft zu schützen.	41 %	58 %
Ich bin sehr stolz, [Deutsche(r)] zu sein.	33 %	44 %

Datenbasis: ISSP 2003

einer überstarken Betonung des Nahen, des Lebensortes, des „Wir". Aber: „Die Sehnsucht nach Gemeinschaft ist defensiv, sie drückt sich oft in der Ablehnung von Immigranten oder anderer Außenseiter aus – die wichtigste Architektur der Gemeinschaft ist die Mauer gegen eine feindliche Wirtschaftsordnung. Es ist eingestandenermaßen fast ein universelles Gesetz, daß das ‚Wir' als Abwehr gegen Verwirrung und Entwurzelung gebraucht wird."[1]

Das trifft viele, gleichwohl sind es vor allem die sozial schlechter Gestellten, die Verlierer des Globalisierungsprozesses, die sich gegen die vermeintliche Bedrohung „von außen" wehren und die nationale Gemeinsamkeit betonen. Einige Beispiele für diesen Mechanismus dokumentiert die Tabelle 9. Die ISSP-Daten enthalten für jeden Befragten eine Angabe zum monatlichen Haushaltseinkommen. Um diese, in der jeweiligen Landeswährung erhobenen, Angaben vergleichbar zu

---

1 Ebd. S. 190.

machen, haben wir für jedes Land „Einkommensquartile" berechnet, also die Befragten jedes Landes anhand ihrer Angaben
zum Haushaltseinkommen in vier gleichgroße Gruppen aufgeteilt[1]. In der Tabelle werden dann die Antworten der unteren
und der oberen Einkommensgruppen miteinander verglichen –
und es sind in der Tat vor allem die Befragten am unteren Ende der Einkommenshierarchie, die Zuwanderer in erster Linie
als Konkurrenten auf dem Arbeitsmarkt ansehen und (deshalb)
ihre Zahl möglichst verringern wollen, die am liebsten nicht
nur die Ausländer sondern auch ausländische Produkte aus
dem eigenen Land fernhalten wollen und die schließlich besonders stolz auf ihre jeweilige Nationalität sind.

Dabei ist die Ethnisierung von Bedrohungs- und Ohn-
machtserfahrungen immer zweierlei. Sie ist einerseits Abwehr-
reaktion und Kompensationsversuch der „Beherrschten", von
den Wirkungen des Globalisierungsprozesses Gebeutelten, des
inzwischen wieder vielgenannten Prekariats nicht zuletzt, ist
„Verweigerung gegenüber den Zumutungen einer an den Bedingungen des modernen Kapitalismus ausgerichteten Le-
bensführung"[2]. Die Ethnisierung politisch-sozialer Konflikte –
und sie geht eben einher mit der Betonung des Eigenen, der
eigenen Nation und des Nationalstolzes – ist andererseits ge-
wollt, von den Gewinnern des ökonomischen Umwälzungs-
prozesses, den „Herrschenden", der politischen Klasse inszeniert, wird gemacht und benutzt, um von den eigentlichen
Ursachen der politischen Misere, der öffentlichen Armut, des
Sozialabbaus etc., und von dem Handeln und der Verantwortung der politischen Akteure abzulenken und gravierende
Veränderungen auch gegen den Willen eines großen Bevölke-
rungsteils durchzusetzen.

---

1 In Deutschland führt dieses Verfahren beispielsweise zu der Einteilung: weniger als 1400 €, 1400 bis 1999 €, 2000 bis 2899 € und 2900 € und mehr.

2 Albert Scherr: Ethnisierung als Ressource und Praxis, in: Prokla, Nr. 120,
Heft 3/2000, S. 399-414, hier S. 412.

Nation und Exklusion

Jede Betonung des nationalen „Wir", jede Betonung der eigenen „Gruppe", in die man ja wohl eher zufällig hineingeboren ist, enthält, auch wenn das nicht immer ausgesprochen wird, ein Moment der Ab- und Ausgrenzung, der Exklusion. Wird das nationale Wir-Gefühl besonders betont und inszeniert, gar gefeiert, dann müssen auch die Vorbehalte gegenüber den Migranten, die Abwehr der Fremden, die Tendenz der Abschottung zunehmen. Wir können diese politisch offenkundige Tatsache zum Abschluss dieses Kapitels noch einmal empirisch untermauern. Wir haben dafür die Befragten in vier Gruppen eingeteilt, je nachdem, wie vielen der in Tabelle 7 (S. 82) aufgeführten nationalistischen Aussagen sie jeweils zugestimmt haben. Berechnet man dann für jede Gruppe den Anteil der Befragten mit fremdenfeindlicher Einstellung, wird der enge Zusammenhang von Nation und Exklusion überdeutlich (vgl. Abbildung 26): Unter den Europäerinnen und

Abbildung 26

Nationalismus und Fremdenfeindlichkeit

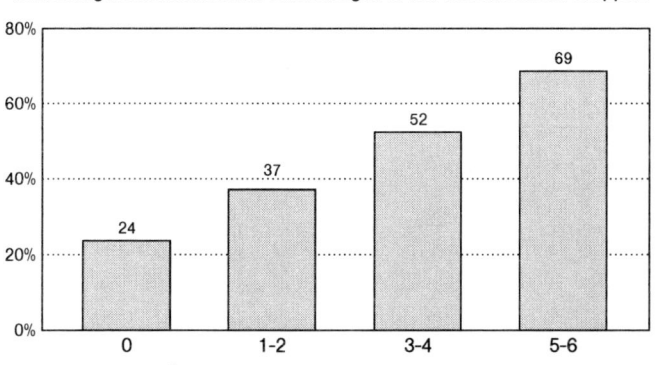

Verbreitung fremdenfeindlicher Einstellungen in den verschiedenen Gruppen

Nationale Überheblichkeit – Anzahl zustimmender Antworten

Datenbasis: ISSP 2003

Europäern, die keiner der nationalistischen Aussagen zustimmen, sind fremdenfeindliche Einstellungen weit seltener anzutreffen als unter Befragten mit einer ausgeprägt nationalistischen Haltung. Besonders deutlich zeigt sich dieser Zusammenhang übrigens bei den deutschen Befragten. Sind von den besonders national Gesinnten schon im europäischen Durchschnitt 71 Prozent auch fremdenfeindlich, so sind es bei den Deutschen 83 Prozent. Der vielbeschworene harmlose, unverkrampft-weltoffene neue Nationalstolz der Deutschen ist das nicht. Und für Europa insgesamt scheint es, als finde das neue Europa der nationalstolzen Bürger einen gemeinsamen Nenner vor allem im Kampf gegen den „Außenfeind", die Flüchtlinge und Migranten. Aber lässt sich auf Exklusion, ja „Festungsmentalität" Zukunft bauen?

Schlussstrich-Mentalität und Antisemitismus

Nationalstolz und Fremdenfeindlichkeit haben in Deutschland eine besondere Komponente, die mit der NS-Vergangenheit und mit der unbequemen Erinnerung daran zusammenhängt. Der verbreitete Wunsch, an den Holocaust nicht mehr erinnert zu werden, ist einerseits, so hat es Werner Bohleber einmal formuliert, „ein Ausdruck der Last des Schuldgefühls, das man los sein will", andererseits aber auch „mit der Weigerung vieler Deutscher verknüpft, sich in das Schicksal von Bürgerkriegsflüchtlingen und Asylsuchenden einzufühlen". Denn, so Bohleber weiter, sich „in das Schicksal der Flüchtlinge einzufühlen, ihre Bedrohung durch politische Verfolgung, Krieg und Terror ernst zu nehmen, hieße in einem inneren Kontakt mit der Geschichte zu stehen. Wird die Erinnerung an die Verbrechen des Nationalsozialismus, an die Verfolgung und Vernichtung von Juden, Zigeunern und anderen Mißliebigen nicht abgewehrt, so bringt sie eine Einfühlung in die Situation der Fremden mit sich und hält sie lebendig ... Die Abwehr der Erinnerung an den Holocaust macht dagegen hartherzig und mitleidlos und fixiert viele Deutsche auf eine paranoid-schizoide Weltsicht, in der die Opfer zu Tätern gemacht werden."[1]

60 Jahre danach – Feier der Normalität

In den selbstbewussten Äußerungen vieler deutscher Politiker und Feuilletonisten, in ihren Bekenntnissen zum Stolz, deutsch zu sein, ist sehr oft ein Unterton unüberhörbar, werden Neben-

---

1 Werner Bohleber: Ethnische Homogenität und Gewalt. Zur Psychoanalyse von Ethnozentrismus, Fremdenhaß und Antisemitismus, in: Marianne Leuzinger-Bohleber/Ralf Zwiebel (Hrsg.): Psychoanalyse heute, Opladen 1996, S. 194-206, hier S. 204.

wirkungen spürbar, die ganz so unverkrampft dann doch nicht sind. Mit dem verbreiteten Stolz der Deutschen, deutsch zu sein, wächst offenkundig auch die Beschwörung deutscher Normalität und damit verbunden die Neigung, unter die Verbrechen der NS-Vergangenheit einen Schlussstrich zu ziehen. Die politische Rechte in Deutschland geißelt einen vermeintlichen „Schuld-Kult" und fordert aufklärerische Zurückhaltung, eine Position, die seit Martin Walsers Polemik gegen die „Dauerpräsentation unserer Schande"[1] in verschiedenen, bisweilen abgewandelt-moderaten Formen durchaus auch zum Inventar des intellektuellen Diskurses hierzulande gehört.

Wer die Medienberichte und -kommentare, wer die öffentlichen Reden vor allem zum 8. Mai 2005, dem 60. Jahrestag des Kriegsendes in Europa, aufmerksam verfolgte, dem konnte nicht verborgen bleiben, dass sich in unserer Gedenkkultur etwas verschoben hat. Noch immer gab es – das scheint inzwischen zum festen Bestandteil deutscher Erinnerungskultur zu gehören – deutliche und mahnende Hinweise und Aufforderungen wider das Vergessen, gegen Einebnen und Relativierung, Aufforderungen auch, alles zu tun, der Jugend auch noch „60 Jahre danach" nahezubringen, was in Deutschland und durch Deutschland geschehen ist und nie wieder geschehen darf. Aber ein neuer Akzent war in den Maitagen des Jahres 2005 – nicht zufällig eingebettet in eine Debatte über die Deutschen als Opfer von Krieg und Vertreibung – unüberseh- bzw. -hörbar: Es war die Beschwörung und Feier deutscher Normalität. Exemplarisch deutlich macht das ein Artikel, mit dem die gewiss nicht rechtslastige „Frankfurter Rundschau" am 7. Mai 2005 auf ihrer ersten Seite „aufmachte". „Die totale Niederlage und die Last der Macht" hieß es da in großen Lettern über sieben Spalten, und im Untertitel war die ganze Botschaft bereits festgehalten, verbunden mit einer ent-

---

1 Martin Walser: Erfahrungen beim Verfassen einer Sonntagsrede, in: „Frankfurter Rundschau" vom 12.10.1998, S. 10.

sprechenden Charakterisierung des Autors: „Der SPD-Politiker und ehemalige Weltkriegssoldat Egon Bahr blickt auf Deutschland und findet: Wir sind 60 Jahre nach Kriegsende ein ganz normaler Staat geworden." Es sei 60 Jahre danach höchste Zeit, so Bahr am Ende seines Beitrags, dass sich „das Land … über seine Identität als Nation klar wird und diese Diskussion nicht den Rechten überlässt. ‚Die Vergangenheit darf die Zukunft nicht belasten', hat Willy Brandt formuliert."[1]

Nationalstolz und seine Nebenwirkungen: Exklusion, Fremdenfeindlichkeit, das haben wir empirisch belegt, ist mit der (Über-)Bewertung der Nation eng verbunden, und das gilt, wie im vorangegangenen Kapitel ausgeführt, auch europaweit. Aber mit der Feier der deutschen Normalität, 60 Jahre nach dem Ende der Naziverbrechen und des Holocaust, die allzu oft mit dem Willen einhergeht, unter die NS-Vergangenheit endlich einen Schlussstrich zu ziehen, wird eine besondere deutsche Nebenwirkung des Nationalstolzes offenkundig.

Endlich einen Schlussstrich ziehen?

Es ist die „unbequeme" nationalsozialistische Vergangenheit, so konnten wir schon in der erwähnten Essener Studierenden-Studie (vgl. oben, S. 22) zeigen, die daran hindert, unbefangen, unverkrampft der Neigung zum neuen Nationalstolz nachzugeben und nachzugehen. Empirisch zeigte sich das in einem starken Zusammenhang von Schlussstrich-Mentalität und der Forderung, die Deutschen sollten endlich wieder ein „gesundes Nationalbewusstsein" entwickeln. Während von den Studierenden, die an einem „gesunden Nationalbewusstsein" überhaupt nicht interessiert waren, nur 13 Prozent für einen „Schlussstrich" unter die NS-Vergangenheit plädierten, waren es bei jenen, die der Forderung nach einem „gesunden National-

---

1 Egon Bahr: Die totale Niederlage und die Last der Macht, in: „Frankfurter Rundschau" vom 7.5.2005, S. 1.

bewusstsein" voll zustimmten, 65 Prozent. Insgesamt meinten 36 Prozent der Essener Studentinnen und Studenten, es werde Zeit, „dass unter die nationalsozialistische Vergangenheit ein Schlussstrich gezogen wird". Wir werteten diesen Anteil damals als „bedenklich groß, gerade in einer Gruppe, die in Zukunft großen Einfluß auf das öffentliche Meinungsklima ausüben wird"[1]. Im Vergleich zu repräsentativen Bevölkerungsumfragen fiel der Befund unter den Studierenden freilich noch recht „moderat" aus. Denn in der Bevölkerung insgesamt hat die Schlussstrich-Position schon lange eine stabile Mehrheit.

Das Allensbacher Institut für Demoskopie beispielsweise hatte 1986 gefragt: „Kürzlich sagte jemand: ‚Heute, 40 Jahre nach Kriegsende sollten wir nicht mehr so viel über die Nazi-Vergangenheit reden, sondern endlich einen Schlußstrich ziehen.' Würden Sie sagen, der hat recht oder nicht recht?" 66 Prozent der Befragten meinten: „Der hat recht".[2] 1995 wurde die Frage erneut gestellt, mit entsprechend angepasstem Text und nun auch in den neuen Bundesländern. Diesmal gaben 59 Prozent der Befragten, 63 Prozent in den alten und 41 Prozent in den neuen Bundesländern, dem Schlussstrich-Befürworter Recht[3]. Ein ganz ähnliches Ergebnis erbrachte eine Emnid-Umfrage im Jahr 1991: 66 Prozent der Befragten im Westen und 46 Prozent im Osten vertraten die Meinung „46 Jahre nach Kriegsende sollten wir nicht mehr soviel über die Judenverfolgung reden, sondern endlich einen Schlußstrich unter die Vergangenheit ziehen"[4]. In allen Umfragen waren die Schlussstrich-Anhänger unter den jüngeren Befragten weniger stark

---

1 Klaus Ahlheim/Bardo Heger: Die unbequeme Vergangenheit, Schwalbach/Ts. 2002, S. 25.

2 Vgl. Elisabeth Noelle-Neumann/Renate Köcher (Hrsg.): Allensbacher Jahrbuch der Demoskopie, Bd. 9: 1984-1992, München u.a. 1993, S. 381.

3 Vgl. Elisabeth Noelle-Neumann/Renate Köcher (Hrsg.): Allensbacher Jahrbuch der Demoskopie, Bd. 10: 1993-1997, München 1997, S. 518.

4 Vgl. „Mehr verdrängt als bewältigt?", in: „Der Spiegel", Nr. 3 vom 13.1. 1992, S. 52-66, hier S. 65.

vertreten als unter den älteren.[1] Eine repräsentative Forsa-Umfrage im Auftrag der Wochenzeitung „Die Woche" vom Mai 2000 signalisierte allerdings für den Westen der Republik bereits eine Trendwende: Hier war die Schlussstrich-Mentalität unter den 18- bis 29-Jährigen mit 69 Prozent weit stärker verbreitet als unter den Befragten ab 60 Jahren, von denen 53 Prozent für den Schlußstrich plädierten. Von den 15- bis 17-jährigen Befragten meinten sogar 81 Prozent, es werde Zeit, „daß unter den Nationalsozialismus und das Dritte Reich ein Schlußstrich gezogen wird".[2] Auch unsere Essener Untersuchung bestätigte diese Trendumkehr. Es waren vor allem die jüngeren Studierenden, die sich einen Schlussstrich unter die NS-Vergangenheit wünschten.[3]

Aktuelle empirische Daten zur Schlussstrich-Mentalität liefert nun die ALLBUS-Erhebung des Jahres 2006. Sie bestätigt eine weitverbreitete Zustimmung zur Schlussstrich-Forderung in der deutschen Bevölkerung. 65 Prozent der Befragten vertreten die Meinung, es werde Zeit, „dass unter die nationalsozialistische Vergangenheit ein Schlussstrich gezogen wird" (vgl. Tabelle 10, S. 102).

---

1 In der Allensbacher Untersuchung von 1995 beispielsweise plädierten von den 16- bis 29-Jährigen 54 Prozent für den „Schlußstrich", in der Altersgruppe ab 60 Jahren dagegen 65 Prozent (Allensbacher Jahrbuch der Demoskopie, Bd. 10: 1993-1997, S. 518).

2 Datenbasis: Forsa-Umfrage im Mai 2000; 508 Befragte in den alten und 502 Befragte in den neuen Bundesländern; eigene Auswertung der Daten, die uns Forsa freundlicherweise zur Verfügung gestellt hat. Als Zustimmung wurden die Antworten 4 und 5 auf einer fünfstufigen Skala von 1 = „Stimme nicht zu" bis 5 = „Stimme voll und ganz zu" gewertet. In den neuen Bundesländern fällt die Zustimmung zur Schlussstrich-Forderung übrigens unter den Befragten ab 60 Jahren mit 62 Prozent am höchsten aus, während von den 15- bis 17-Jährigen 49 Prozent und von den 18- bis 29-Jährigen 51 Prozent zustimmen.

3 Die Zustimmung zur Schlussstrich-Forderung stieg von 15 Prozent bei den 31- bis 35-Jährigen über 25 Prozent bei den 26- bis 30-Jährigen und 39 Prozent bei den 21- bis 25-Jährigen auf immerhin 41 Prozent bei den Studierenden zwischen 18 und 20 Jahren.

Dabei zeigen sich zwischen Männern und Frauen nur geringe Unterschiede. Etwas deutlicher fällt die Ost-West-Differenz aus: In Westdeutschland plädieren 66 Prozent, in Ostdeutschland „nur" 61 Prozent der Befragten für einen „Schlussstrich". Aber auch dieser Unterschied ist, wenngleich statistisch signifikant, letztlich nicht gravierend – im Vergleich zu den zitierten früheren Befragungen, die im Osten der Republik noch eine deutlich geringere Schlussstrich-Mentalität ausmachten, signalisieren die neuen Zahlen eher eine Angleichung.

Aufschlussreicher ist die Differenzierung nach Altersgruppen. Sie bestätigt die Beobachtung, dass der Wunsch, die Vergangenheit „endlich" ruhen zu lassen, seit einigen Jahren gerade unter den jüngeren Deutschen wieder häufiger anzutreffen ist, während es bis Mitte der 1990er Jahre noch vor allem die älteren waren, die einen Schlussstrich unter die NS-Vergangenheit ziehen wollten. In der Abbildung 27 sind die gegenläufigen

Tabelle 10

Schlussstrich-Mentalität in der deutschen Bevölkerung

Manche sagen, dass es Zeit wird, dass unter die nationalsozialistische Vergangenheit ein Schlussstrich gezogen wird. Andere sagen, dass kein Schlussstrich unter die nationalsozialistische Vergangenheit gezogen werden sollte, auch wenn seither einige Zeit vergangen ist.
Welcher Meinung stimmen Sie eher zu?

	Gesamt	West	Ost	Männer	Frauen
Es wird, Zeit dass unter die nationalsozialistische Vergangenheit ein Schlussstrich gezogen wird.	65%	66%	61%	64%	66%
Es sollte kein Schlussstrich unter die nationalsozialistische Vergangenheit gezogen werden, auch wenn seither einige Zeit vergangen ist.	35%	34%	39%	36%	34%

Datenbasis: ALLBUS 2006

Tendenzen erkennbar. Die Zustimmung zur Schlussstrich-Forderung nimmt von den über 75-Jährigen bis zur Altergruppe von 56 bis 65 Jahren zunächst deutlich ab (von 74 auf 60 Prozent), stagniert dann in den mittleren Altersgruppen, um schließlich bei den jüngeren Befragten wieder anzusteigen. Aber auch dieses Ergebnis macht letztlich vor allem deutlich, dass die Schlussstrich-Mentalität unter den Deutschen insgesamt weit verbreitet ist und dass eine Prognose, leitet man sie aus den Antworten der jüngeren Befragten ab, wohl eher von einem Anstieg als von einem Rückgang ausgehen sollte.

Als besonders bedeutsam erweist sich dagegen abermals der Einfluss der Schulbildung. Wie die Abbildung 28 (S. 104) zeigt, ist die Schlussstrich-Mentalität unter Befragten, die die Schule ohne Abschluss verlassen haben, und unter den Befragten mit Volks- bzw. Hauptschulabschluss weit häufiger anzutreffen als unter Abiturienten und Abiturientinnen.

Abbildung 27

Alter und Schlussstrich-Mentalität

Zustimmung zur Schlussstrich-Forderung in den verschiedenen Altersgruppen

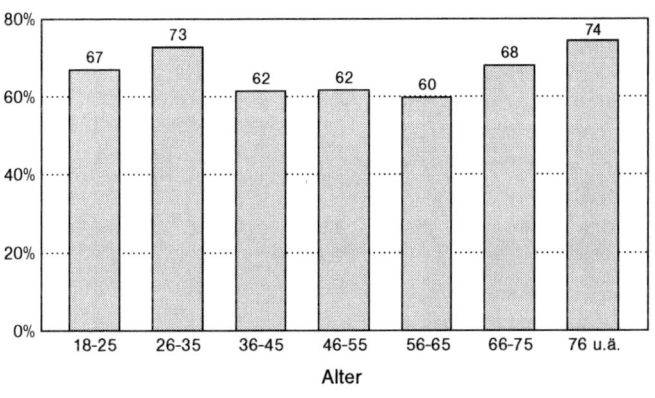

Datenbasis: ALLBUS 2006

Abbildung 28

Schulbildung und Schlussstrich-Mentalität

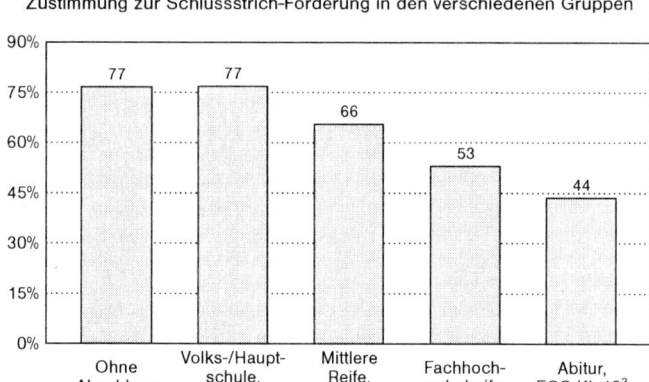

Zustimmung zur Schlussstrich-Forderung in den verschiedenen Gruppen

Datenbasis: ALLBUS 2006

Kaum überraschen kann eine weitere Erkenntnis aus den 2006er ALLBUS-Daten. Auch sie bestätigen einen signifikanten Zusammenhang von Nationalbewusstsein und Schlussstrich-Mentalität (vgl. Abbildung 29): Von jenen, die in West und Ost „sehr stolz" auf Deutschland sind, stimmen im Westen 77, im Osten 73 Prozent der Forderung nach einem Schlussstrich zu, von den „gar nicht Stolzen" sind es im Westen 51, im Osten 53 Prozent.

Um missverständliche, weil allzu einlinige Interpretationen dieses Befundes zu vermeiden: Natürlich kann und muss man aus den Daten zunächst herauslesen, dass die Zustimmung zur Schlussstrichforderung in der Bevölkerung – auch jenseits des neuen Stolzes auf Deutschland – hoch ist. Aber: Die Befragten,

---

1 Polytechnische Oberschule mit Abschluss 8. oder 9. Klasse.
2 Polytechnische Oberschule mit Abschluss 10. Klasse.
3 Erweiterte Oberschule mit Abschluss 12. Klasse.

Abbildung 29

Nationalstolz und Schlussstrich-Mentalität

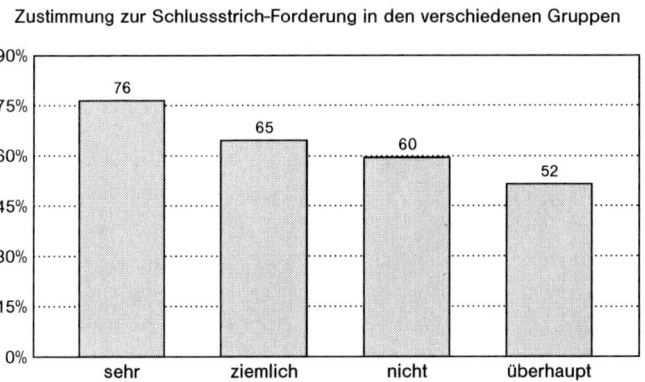

Zustimmung zur Schlussstrich-Forderung in den verschiedenen Gruppen

Datenbasis: ALLBUS 2006

die „sehr stolz" auf Deutschland sind, neigen eben auch sehr stark, stärker zumindest als die übrigen, dazu, diesen Schlussstrich unter die nationalsozialistische Vergangenheit zu fordern. Das ist die fragwürdige Seite der neuen Entwicklung und lässt an den vielen Reden über eine „Normalisierung" des Verhältnisses der Deutschen zu ihrem Vaterland und einem neuen, friedfertigen, normalen Nationalstolz zumindest Restzweifel zu.

Antisemitismus und Schuldumkehr

Nationalstolz, Schlussstrich-Mentalität und Fremdenfeindlichkeit, das konnten wir bisher zeigen und empirisch belegen, hängen eng miteinander zusammen. Mit allen drei Einstellungen wiederum korreliert der Antisemitismus in hohem Maße[1].

---

1 Das zeigte sich bereits in unserer Essener Studierenden-Befragung. Vgl. Klaus Ahlheim/Bardo Heger: Die unbequeme Vergangenheit, S. 55.

Mit dem Ende des Faschismus war der Antisemitismus in der deutschen Bevölkerung nicht verschwunden.[1] Im Dezember 1946 bereits ergab eine Befragung in der amerikanischen Besatzungszone, dass 18 Prozent der Bevölkerung als „harte" Antisemiten und weitere 21 Prozent als Antisemiten einzustufen waren.[2] Im August 1949 erhielt das Allensbacher Institut für Demoskopie bei einer Umfrage in der noch jungen Bundesrepublik auf die Frage „Wie ist überhaupt Ihre Einstellung gegenüber den Juden?" von 23 Prozent der Befragten antisemitische Antworten.[3] 1974 stellte die oft zitierte „Silbermann-Studie" unter anderem fest, dass sich „neben einer toleranten Gruppe von etwa 30 % und einer stark antisemitischen Gruppe von etwa 20 % bei der Hälfte der bundesrepublikanischen Bevölkerung in Latenz zumindest Reste antisemitischer Einstellungen aufweisen lassen"[4].

In den folgenden Jahrzehnten konnte man – trotz einer Welle von fremdenfeindlichen und antisemitischen Anschlägen in den 1990er Jahren – kein Ansteigen antisemitischer Einstellungen in der Bevölkerung ausmachen. Die Einstellungen blieben stabil oder gingen im Gegenteil leicht zurück.[5] Traditionelle antisemitische Vorurteile, so kann man das Er-

---

1 Die Entwicklung des Antisemitismus in Deutschland nach 1945 ist kompakt und präzise beschrieben von Werner Bergmann und Rainer Erb: Antisemitismus in Deutschland 1945-1996, in: Wolfgang Benz/Werner Bergmann (Hrsg.): Vorurteil und Völkermord. Entwicklungslinien des Antisemitismus, Bonn 1997, S. 397-434; zur Entwicklung seit 1990 vgl. Werner Bergmann: Die Verbreitung antisemitischer Einstellungen in der Bundesrepublik Deutschland, in: Bundesministerium des Innern (Hrsg.): Extremismus in Deutschland, Berlin 2004, S. 25-55.

2 Vgl. Werner Bergmann/Rainer Erb: Antisemitismus in Deutschland 1945-1996, S. 398.

3 Elisabeth Noelle/Erich Peter Neumann (Hrsg.): Jahrbuch der öffentlichen Meinung 1947-1955, 3. Aufl., Allensbach 1975, S. 128.

4 Alphons Silbermann: Sind wir Antisemiten? Ausmaß und Wirkung eines sozialen Vorurteils in der Bundesrepublik Deutschland, Köln 1982, S. 63.

5 Vgl. Werner Bergmann/Rainer Erb: Antisemitismus in Deutschland 1945-1996, S. 409 f.

gebnis verschiedener Studien zusammenfassen, sind als Folge der „langfristigen Wirkung von Erziehung in einer gewandelten politischen Kultur"[1] in der westdeutschen Bevölkerung seit 1945 langsam, aber stetig zurückgegangen.[2]

Wie hartnäckig sich freilich antijüdische Vorurteile auch über 60 Jahre nach dem Holocaust in der Bevölkerung halten, machen einige Ergebnisse der ALLBUS-Erhebungen von 1996 und 2006 deutlich (vgl. Tabelle 11, S. 108). Das geradezu „klassische" Vorurteil, dass Juden „auf der Welt zuviel Einfluss" haben, teilt auch im Jahr 2006 noch jeder dritte Deutsche. 13 Prozent der Befragten wäre ein Jude als Nachbar unangenehm, fast ein Viertel möchte Juden in Deutschland *nicht* die gleichen Rechte zubilligen wie den übrigen Deutschen – Exklusionsphantasien gegenüber jüdischen Deutschen, die fatal an die unselige NS-Ideologie der „Volksgemeinschaft" erinnern, die eben das, was deutsch ist, ganz anders definiert hat. Selbst der Behauptung, durch ihr Verhalten seien „die Juden an ihren Verfolgungen nicht ganz unschuldig", stimmen noch 19 Prozent der Deutschen zu.

---

1 Rainer Erb: Antisemitismus wegen Auschwitz in der jungen Generation?, in: Konrad Brendler/Günter Rexilius (Hrsg.): Drei Generationen im Schatten der NS-Vergangenheit, Wuppertal 1991, S. 204-218, hier S. 216.

2 Für die ehemalige DDR gibt es keine gesicherten empirischen Erkenntnisse (vgl. Werner Bergmann/Rainer Erb: Antisemitismus in Deutschland 1945-1996, S. 397). Spätere Untersuchungen ergaben für Ostdeutschland ein widersprüchliches Bild: Einerseits belegten repräsentative Bevölkerungsumfragen seit der „Wende" regelmäßig, dass der Antisemitismus in den neuen Bundesländern geringer verbreitet war als in den alten (vgl. ebd. S. 406 ff.; Werner Bergmann: Die Verbreitung antisemitischer Einstellungen in der Bundesrepublik Deutschland, S. 29 ff.). Andererseits zeigten in einer 1996 in Brandenburg und Nordrhein-Westfalen durchgeführten Befragung von 14- bis 20-jährigen Jugendlichen die brandenburgischen Jugendlichen bei allen verwendeten Indikatoren häufiger antisemitische Einstellungen als ihre nordrhein-westfälischen Altersgefährten (vgl. Dietmar Sturzbecher/Ronald Freytag: Antisemitismus unter Jugendlichen in Brandenburg und Nordrhein-Westfalen, in: Dietmar Sturzbecher/Ronald Freytag (Hrsg.): Antisemitismus unter Jugendlichen, Göttingen u.a. 2000, S. 76-235, hier S. 104 ff.).

Tabelle 11

Antisemitische Einstellungen in Deutschland

	Zustimmungs-quoten	
	1996	2006
Ein Jude als Nachbar wäre mir unangenehm.	11 %	13 %
Es wäre mir unangenehm, wenn ein Jude in meine Familie einheiraten würde.	26 %	24 %
Die in Deutschland lebenden Juden sollten *nicht* in allen Bereichen die gleichen Rechte haben wie die übrigen Deutschen.	21 %	24 %
Juden haben auf der Welt zuviel Einfluss.	25 %	33 %
Durch ihr Verhalten sind die Juden an ihren Verfolgungen nicht ganz unschuldig.	17 %	19 %
Viele Juden versuchen aus der Vergangenheit des Dritten Reiches heute ihren Vorteil zu ziehen und die Deutschen dafür zahlen zu lassen.	47 %	51 %

Datenbasis: ALLBUS 1996 und 2006

Besonders hoch aber fällt die Zustimmung zu der Aussage aus, viele Juden versuchten, „aus der Vergangenheit des Dritten Reiches heute ihren Vorteil zu ziehen und die Deutschen dafür zahlen zu lassen". 51 Prozent der Deutschen vertreten diese Meinung, die exemplarisch eine neue, wenn man so will, modernisierte Form des Antisemitismus in Deutschland zum Ausdruck bringt. Es ist ein Antisemitismus, der, vordergründig und scheinbar „korrekt", auf traditionelle antijüdische Vorurteile weitgehend verzichtet und seine Dynamik aus dem problematischen Umgang mit der NS-Vergangenheit und dem Holocaust gewinnt, der sich an der Schuldfrage festmacht und an der für viele Deutsche ganz und gar nicht bequemen Erinnerungsarbeit und -„leistung".[1] Es ist, wie er in der For-

---

1 Vgl. ebd. S. 215 f.; Werner Bergmann/Rainer Erb: Antisemitismus in Deutschland 1945-1996, S. 424; Werner Bergmann/Rainer Erb: Antisemitismus in Deutschland 1996, in: Richard Alba/Peter Schmidt/Martina

schung oft genannt wird, ein „sekundärer Antisemitismus"[1]:
Man fühlt sich durch die Erinnerung an den Holocaust von
„den Juden" gestört, belästigt, behindert, wähnt sich gar selbst
dauerhaft verfolgt und reagiert darauf mit antijüdischem
Affekt. Es ist ein Antisemitismus, den es nicht *trotz*, sondern
wegen Auschwitz gibt, „weil die Täter und deren Erben per-
manent an ihre Untaten und zugleich an ihr Versagen erinnert
werden"[2]. Und dieser Antisemitismus ist nicht nur – schon
durch den „Anlass" seines Entstehens – unmittelbar an-
schlussfähig an Schlussstrich-Denken und -Diskurs, er versucht auch, die Verbrechen der NS-Zeit zu relativieren, und er
argumentiert schließlich mit der Umkehr des Täter-Opfer-
Verhältnisses: Wir sind jetzt die Opfer und die Juden vor allem daran schuld. Was immer wir Deutschen tun werden im
Umgang mit dem Holocaust, man wird es uns übel nehmen.
Der israelische Psychoanalytiker Zvi Rex hat diese Täter-
Opfer-Umkehr ebenso treffend wie sarkastisch auf den Begriff
gebracht: „Die Deutschen werden den Juden Auschwitz nie
verzeihen."[3]

Ingesamt haben, wie die Tabelle 12 (S. 110) deutlich macht,
antisemitische Einstellungen im letzten Jahrzehnt leicht zugenommen. Nimmt man als „Maß" für die Verbreitung des
Antisemitismus den Anteil der Befragten, die mindestens drei
der sechs Aussagen zustimmen, dann kann man im Jahr 1996
bei immerhin 22 Prozent, im Jahr 2006 sogar bei 25 Prozent
der deutschen Bevölkerung von einer deutlich antisemitischen
Einstellung ausgehen.

Wasmer (Hrsg.): Deutsche und Ausländer: Freunde, Fremde oder Feinde?,
Wiesbaden 2000, S. 401-438, hier S. 403 ff.

1 Zur Herkunft des Begriffs vgl. Wolfgang Frindte: Inszenierter Antisemitismus. Eine Streitschrift, Wiesbaden 2006, S. 18.

2 Henryk M. Broder: Der ewige Antisemit. Über Sinn und Funktion eines
beständigen Gefühls, Frankfurt/M. 1986, S. 11.

3 Reinhard Mohr: Total normal?, in: „Der Spiegel", Nr. 49 vom 30.11.1998,
S. 40-48, hier S. 46.

Tabelle 12

Antisemitismus in Deutschland
(Zustimmung zu mindestens drei von sechs antisemitischen Aussagen)

	1996	2006
Befragte insgesamt	22 %	25 %
Befragte in		
– Westdeutschland	23 %	25 %
– Ostdeutschland	17 %	23 %
Befragte, die unter die NS-Vergangenheit		
– einen Schlussstrich ziehen wollen		33 %
– keinen Schlussstrich ziehen wollen		12 %

Datenbasis: ALLBUS 1996 und 2006

Zu beiden Erhebungszeitpunkten übrigens, im Jahr 1996 und im Jahr 2006, war der Antisemitismus im Westen der Republik weiter verbreitet als im Osten (vgl. Tabelle 12), was ähnliche Ergebnisse früherer Untersuchungen[1] bestätigt. Eine mögliche Erklärung für diesen Befund sehen Werner Bergmann und Rainer Erb in dem „antifaschistischen Konsens der DDR"[2], der den Nationalsozialismus und alle mit ihm verbundenen Erscheinungen gründlich diskreditiert habe. „Auch der Antifaschismus war in der DDR verordnet", bemerken Bergmann und Erb an anderer Stelle, „aber er entsprach bei

---

1 Vgl. etwa die „Spiegel"-Umfrage aus dem Jahr 1992 („Mehr verdrängt als bewältigt?", in: „Der Spiegel", Nr. 3 vom 13.1.1992, S. 52-66; „Jeder achte Deutsche ein Antisemit", in: „Der Spiegel", Nr. 4 vom 20.1.1992, S. 41-50), die 1994 im Auftrag des Amerikanischen Jüdischen Komitees durchgeführte Erhebung des Emnid-Instituts (Emnid-Institut: Die gegenwärtige Einstellung der Deutschen gegenüber Juden und anderen Minderheiten, Bielefeld 1994) sowie die bei Bergmann und Erb (Antisemitismus in Deutschland, S. 406 ff.) und bei Bergmann (Die Verbreitung antisemitischer Einstellungen in der Bundesrepublik Deutschland, S. 29 ff.) referierten empirischen Befunde.
2 Werner Bergmann/Rainer Erb: Antisemitismus in Deutschland, S. 408.

Abbildung 30

Nationalstolz und Antisemitismus

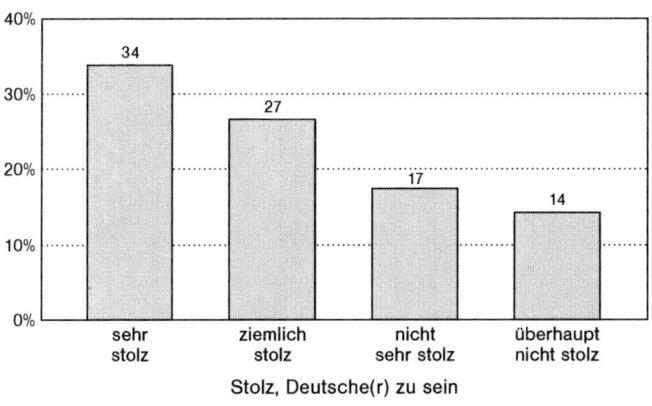

Verbreitung antisemitischer Einstellungen in den verschiedenen Gruppen

[Bar chart: "sehr stolz" 34, "ziemlich stolz" 27, "nicht sehr stolz" 17, "überhaupt nicht stolz" 14]

Stolz, Deutsche(r) zu sein

Datenbasis: ALLBUS 2006

vielen der eigenen Überzeugung"[1]. Allerdings hat der Osten inzwischen „aufgeholt".[2]

Und wie nicht anders zu erwarten, sind antijüdische Ressentiments besonders ausgeprägt unter denen zu finden, die an die NS-Vergangenheit nicht mehr erinnert werden wollen. Von diesen Befragten zeigt jeder dritte eine deutlich antisemitische Einstellung, während es unter den Schlussstrich-Gegnern „nur" 12 Prozent sind.

Schließlich ist ein enger Zusammenhang zwischen Antisemitismus und Nationalstolz festzustellen. Wie die Abbildung 30 zeigt, steigt der Anteil der Befragten mit deutlich anti-

---

1 Zitiert nach: „Jeder achte Deutsche ein Antisemit", S. 50.

2 Vgl. auch die bei Werner Bergmann (Die Verbreitung antisemitischer Einstellungen in der Bundesrepublik Deutschland, S. 31 ff.) vorgestellten neueren Befunde.

semitischer Einstellung von 14 Prozent bei den „überhaupt nicht Stolzen" auf 34 Prozent bei denen, die „sehr stolz" darauf sind, Deutsche zu sein.

Es muss jene, die nicht müde werden, den neuen Stolz der Deutschen, den weltoffenen und unverkrampften, zu propagieren und zu preisen, doch zumindest irritieren, dass dieser neue Nationalstolz so oft und so eng verbunden ist mit den ganz alten zivilisationsbedrohenden antisemitischen Vorurteilen, auch wenn sie sich in bisweilen „moderner", scheinbar moderater Form präsentieren.

Schluss:
Nationalstolz und Nebenwirkungen

„Ich bin stolz, Deutscher zu sein", lange Jahre gehörte dieser Satz zum exklusiven Repertoire rechtsextremen Denkens und Agitierens. Inzwischen ist er mehrheits- und mittefähig, nicht erst, wie wir gezeigt haben, seit der schwarz-rot-goldenen Euphorie des WM-Sommers 2006. 73 Prozent der deutschen Bevölkerung sind stolz, Deutsche zu sein, 22 Prozent sogar sehr stolz. Und je stärker der Nationalstolz ausprägt ist, desto stärker sind, auch das konnten wir empirisch belegen und beschreiben, die negativen Nebenwirkungen: Fremdenfeindlichkeit vor allem, Schlussstrich-Mentalität und Antisemitismus.

Den immer wieder postulierten, während des WM-Sommerfestes 2006 den Deutschen bisweilen auch bescheinigten unverkrampften, harmlosen Nationalstolz gibt es so nicht. Die Betonung des Nationalen, die Überbetonung zumal, ist ohne Exklusion, ohne Ausschluss der Anderen, ohne Ausschluss auch der unbequemen Vergangenheit nicht zu haben[1]. Während von den „überhaupt nicht" Nationalstolzen hierzulande „nur" 12 Prozent fremdenfeindliche Vorurteile hegen, verdoppelt sich dieser Anteil bei den „ziemlich Stolzen" und verdreifacht sich

---

1 Auch der hier und da unternommene Versuch, einen harmlosen, „wünschenswerten" Patriotismus aus- und festzumachen und gegen einen vermeintlich eher negativen Nationalismus abzugrenzen, hilft wenig weiter. „Eine Unterscheidung von Nationalismus und Patriotismus", so kann Wolfgang Frindte seine Kritik an verschiedenen Studien zusammenfassen, „scheint nicht sonderlich hilfreich, um den auf sein Land stolzen Michel vor fremdenfeindlichen und/oder antisemitischen Diskriminierungen zu bewahren." (Wolfgang Frindte: Inszenierter Antisemitismus. Eine Streitschrift, Wiesbaden 2006, S. 155).

Tabelle 13

Nationalstolz und Nebenwirkungen

	Verbreitung von Fremdenfeindlichkeit, Schlussstrich-Mentalität und Antisemitismus unter den Befragten, die auf ihr Deutschsein …			
	sehr stolz sind	ziemlich stolz sind	nicht sehr stolz sind	überhaupt nicht stolz sind
Fremdenfeindlichkeit	36 %	24 %	19 %	12 %
Schlussstrich-Mentalität	76 %	65 %	60 %	52 %
Antisemitismus	34 %	27 %	17 %	14 %
Befragte mit Schlussstrich-Mentalität *und* fremdenfeindlicher *und* antisemitischer Einstellung	19 %	10 %	7 %	5 %
Befragte *ohne* Schlussstrich-Mentalität *ohne* fremdenfeindliche *und ohne* antisemitische Einstellung	14 %	28 %	39 %	45 %

Datenbasis: ALLBUS 2006

gar bei jenen, die „sehr stolz" sind, Deutsche zu sein (vgl. Tabelle 13). Aber auch die Schlussstrich-Mentalität nimmt bei den Nationalstolzen merklich zu und der Anteil der Antisemiten steigt unter jenen, die „ziemlich" oder „sehr stolz" sind, Deutsche zu sein, gravierend an.

Nimmt man einmal den extremen Fall, und berechnet für die sehr, ziemlich, nicht sehr und überhaupt nicht stolzen Deutschen jeweils den Anteil jener, die einen Schlussstrich unter die NS-Vergangenheit ziehen wollen, *und zugleich* fremdefeindliche *und* antisemitische Einstellungen zeigen, werden die Nebenwirkungen des Stolzes, deutsch zu sein, noch einmal überdeutlich: „Nur" 5 Prozent der überhaupt nicht Stolzen, aber immerhin 19 Prozent der sehr Stolzen sind dieser „Extremgruppe" zuzurechnen. Umgekehrt machen Befragte, die weder fremdenfeindliche noch antisemitische Einstellungen teilen und auch keinen Schlussstrich unter die Vergangenheit fordern, unter den gar nicht Stolzen fast die Hälfte der Befragten (45 Prozent) aus, unter den sehr Stolzen dagegen gerade einmal 14 Prozent.

Aber auch in vielen anderen Ländern Europas – man sollte das freilich nicht als Entlastung der Deutschen missverstehen – ist der Stolz auf das je eigene Land, wie wir ebenfalls empirisch belegen und zeigen konnten, weit verbreitet, und auch in den anderen europäischen Ländern ist solcher Nationalstolz mit Fremdenfeindlichkeit und Abschottungsmentalität verquickt – nicht trotz, sondern als Folge eines entfesselten und globalisierten neoliberalen Kapitalismus.

Verzeichnis der Abbildungen und Tabellen

Abbildungen

Tabellen

Literatur

Ahlheim, Klaus: Qualifizierung und Bildung oder die Fortdauer einer Differenz. Wider den Gemeinplatz vom Allgemeinen in der beruflichen Weiterbildung, in: Klaus Ahlheim/Walter Bender (Hrsg.): Lernziel Konkurrenz? Erwachsenenbildung im „Standort Deutschland". Eine Streitschrift, Opladen 1996, S. 85-97

Ahlheim, Klaus: Das Ausmaß ist auch eine Frage der Messung. Eine Glosse aus Anlass neuerer Erhebungen zum Rechtsextremismus, in: Praxis Politische Bildung. Materialien – Analysen – Diskussionen, Heft 4/2005, S. 275-278

Ahlheim, Klaus (Hrsg.): Die Gewalt des Vorurteils. Eine Textsammlung, Schwalbach/Ts. 2007

Ahlheim, Klaus/Heger, Bardo: Der unbequeme Fremde. Fremdenfeindlichkeit in Deutschland – empirische Befunde, Schwalbach/Ts. 1999, 2. Aufl. 2000

Ahlheim, Klaus/Heger, Bardo: Die unbequeme Vergangenheit. NS-Vergangenheit, Holocaust und die Schwierigkeiten des Erinnerns, Schwalbach/Ts. 2002, 2. Aufl. 2003

Ahlheim, Klaus/Heger, Bardo/Kuchinke, Thomas: Argumente gegen den Haß. Über Vorurteile, Fremdenfeindlichkeit und Rechtsextremismus, Bd. I: Bausteine für Lehrende in der politischen Bildung, Bd. II: Textsammlung, hrsg. von der Hessischen Landeszentrale und der Bundeszentrale für politische Bildung, 3. Nachdruck, Bonn 1997

Beauftragte der Bundesregierung für Migration, Flüchtlinge und Integration (Hrsg.): 7. Bericht über die Lage der Ausländerinnen und Ausländer in Deutschland, Berlin 2007

Becker, Julia/Wagner, Ulrich/Christ, Oliver: Nationalismus und Patriotismus als Ursache von Fremdenfeindlichkeit, in: Wilhelm Heitmeyer (Hrsg.): Deutsche Zustände. Folge 5, Frankfurt/M. 2007, S. 131-149

Bergmann, Werner: Die Verbreitung antisemitischer Einstellungen in der Bundesrepublik Deutschland, in: Bundesministerium des Innern (Hrsg.): Extremismus in Deutschland. Erscheinungsformen und aktuelle Bestandsaufnahme, Berlin 2004, S. 25-55

Bergmann, Werner/Erb, Rainer: Antisemitismus in Deutschland 1945-1996, in: Wolfgang Benz/Werner Bergmann (Hrsg.): Vorurteil und Völkermord. Entwicklungslinien des Antisemitismus (Lizenzausgabe für die Bundeszentrale für politische Bildung), Bonn 1997, S. 397-434

Bergmann, Werner/Erb, Rainer: Antisemitismus in der Bundesrepublik Deutschland 1996, in: Richard Alba/Peter Schmidt/Martina Wasmer (Hrsg.): Deutsche und Ausländer: Freunde, Fremde oder Feinde? Empirische Befunde und theoretische Erklärungen (Blickpunkt Gesellschaft 5), Wiesbaden 2000, S. 401-438

Bohleber, Werner: Ethnische Homogenität und Gewalt. Zur Psychoanalyse von Ethnozentrismus, Fremdenhaß und Antisemitismus, in: Marianne Leuzinger-Bohleber/Ralf Zwiebel (Hrsg.): Psychoanalyse heute. Klinische und kulturtheoretische Perspektiven, Opladen 1996

Braun, Stephan/Vogt, Ute (Hrsg.): Die Wochenzeitung „Junge Freiheit". Kritische Analysen zu Programmatik, Inhalten, Autoren und Kunden, Wiesbaden 2007

Broder, Henryk M.: Der ewige Antisemit. Über Sinn und Funktion eines beständigen Gefühls, Frankfurt/M. 1986

Bundesamt für Migration und Flüchtlinge (Hrsg.): Asyl in Zahlen, 15. Aufl., Nürnberg 2007

Decker, Oliver/Brähler, Elmar: Vom Rand zur Mitte. Rechtsextreme Einstellungen und ihre Einflussfaktoren in Deutschland, Berlin 2006

„Dehm bringt neuen Begriff ins Spiel", in: „Frankfurter Rundschau" vom 30.12.2000, S. 5

Demirović, Alex/Paul, Gerd: Demokratisches Selbstverständnis und die Herausforderung von rechts. Student und Politik in den neunziger Jahren, Frankfurt/New York 1996

Deutschmann, Christoph: Die Verheißung des absoluten Reichtums. Zur religiösen Natur des Kapitalismus, Frankfurt/New York 1999

Emnid-Institut: Die gegenwärtige Einstellung der Deutschen gegenüber Juden und anderen Minderheiten. Ein Überblick über die öffentliche Meinung, durchgeführt im Auftrag des Amerikanischen Jüdischen Komitees, Bielefeld 1994

Erb, Rainer: Antisemitismus wegen Auschwitz in der jungen Generation?, in: Konrad Brendler/Günter Rexilius (Hrsg.): Drei Generationen im Schatten der NS-Vergangenheit. Beiträge zum internationalen Forschungskolloquium Lernen und Pseudo-Lernen in der Aufarbeitung des Holocaust, Wuppertal 1991, S. 204-218

Falck-Eisenhardt, Uta: Dorfschläger überfallen Hochzeitsfeier, „Spiegel Online" vom 11. Dezember 2007 (www.spiegel.de/panorama/justiz/0,1518, 522626,00.html)

Falter, Jürgen W.: Wer wählt rechts? Die Wähler und Anhänger rechtsextremistischer Parteien im vereinigten Deutschland, München 1994

Frindte, Wolfgang: Inszenierter Antisemitismus. Eine Streitschrift, Wiesbaden 2006

Fuhr, Eckhard: Wo wir uns finden. Die Berliner Republik als Vaterland, Berlin 2005

5 [Fünf] Millionen Deutsche: „Wir sollten wieder einen Führer haben ...". Die SINUS-Studie über rechtsextremistische Einstellungen bei den Deutschen, Reinbek bei Hamburg 1981

Gaserow, Vera: Noch einen Fehltritt hat Trittin wohl nicht mehr frei, in: „Frankfurter Rundschau" vom 17.3.2001, S. 1

Gesetz über den Vollzug der Jugendstrafe in Baden-Württemberg (Jugendstrafvollzugsgesetz – JStVollzG)

Hawel, Marcus: Die normalisierte Nation. Vergangenheitsbewältigung und Außenpolitik in Deutschland, Hannover 2007

Herold, Frank: Bestürzung nach Gewaltexzess von Mügeln, in: „Berliner Zeitung" vom 22.8.2007, S. 5

Herzog, Roman: „Es ist ein Wunder, das wir erleben". Die Rede Herzogs nach der Wahl, in: „Frankfurter Allgemeine Zeitung" vom 25.05.1994, S. 4

„Heye: 2006 war Rekordjahr rechter Gewalt", in: „Frankfurter Rundschau" vom 2.1.2007, S. 6

Hirsch, Joachim: Der nationale Wettbewerbsstaat. Staat, Demokratie und Politik im globalen Kapitalismus, Berlin/Amsterdam 1995

Höll, Susanne: Trittin wirft Meyer Skinhead-Mentalität vor, in: „Süddeutsche Zeitung" vom 14.3.2001, S. 2

Hopf, Wulf: Familiale und schulische Bedingungen rechtsextremer Orientierungen von Jugendlichen, in: Zeitschrift für Sozialisationsforschung und Erziehungssoziologie, Heft 1/1991, S. 43-59

Jacobsen, Lenz: Jagd auf Inder löst Debatte über Rassismus aus, in: „Financial Times Deutschland" vom 22.08.2007, S. 9

Janke, Thomas: Die PISA-Unternehmer. Eine Kritik, in: Forschung & Lehre, Heft 1/2008, S. 26 f.

„Jeder achte Deutsche ein Antisemit?", in: „Der Spiegel", Nr. 4 vom 20.1.1992, S. 41-50

Jung, Franz Josef: Unser Beitrag für Stabilität in Afrika, 19.5.2006, Internetseite des Bundesministeriums der Verteidigung (www.bmvg.de > in der Rubrik: Ministerium > Der Minister > Kolumnen)

Köcher, Renate: Ein neuer Patriotismus? Das Fahnenmeer zur WM hat die meisten Deutschen – angenehm – überrascht, in: „Frankfurter Allgemeine Zeitung" vom 16.8.2006, S. 5

Kopp, Karl: Europäisches Asylrecht oder kollektiver Ausstieg aus dem internationalen Flüchtlingsschutz?, in: Europa macht dicht. Tag des Flüchtlings 2004, hrsg. von Pro Asyl, Franfurt/M. 2004, S. 2-6

Lammert, Norbert: Politische Kultur braucht Beteiligung – Anforderungen an die politische Bildung, in: Bundesarbeitskreis ARBEIT UND LEBEN (Hrsg.): Politische Kultur und gesellschaftliche Teilhabe – Zur Zukunft der Politischen Bildung. 50 Jahre Bundesarbeitskreis ARBEIT UND LEBEN. Dokumentation der Festveranstaltung, Wuppertal 2006, S. 15-19

Langenmayr, Arnold: Pisa und die Folgen, in: Psychologie & Gesellschafts-kritik, Heft 1/2004, S. 119-128

Lindemann, Thomas: Fast niemand mag ihn, in: „die tageszeitung" vom 27.12.2005

Loke, Matthias/Schmale, Holger: Hetzjagd auf Inder in Sachsen, in: „Berliner Zeitung" vom 21.8.2007, S. 1

Matussek, Matthias: Wir Deutschen. Warum uns die anderen gern haben können, Frankfurt/M. 2006

Matussek, Matthias: „Ein neues deutsches Gefühl", „Spiegel Online" vom 1.6. 2006 (www.spiegel.de/kultur/gesellschaft/0,1518,419214,00.html)

Mehr verdrängt als bewältigt?, in: „Der Spiegel", Nr. 3 vom 13.1.1992, S. 52-66

Melzer, Wolfgang/Schubarth, Wilfried: Gewalt als soziales Problem an Schu-len. Untersuchungsergebnisse und Präventionsstrategien, 2. Aufl., Opla-den 2006

Ministerium für Frauen, Jugend, Familie und Gesundheit des Landes Nord-rhein-Westfalen (Hrsg.): Rechtsextremismus und Gewalt. Ergebnisse ei-ner Repräsentativbefragung bei Jugendlichen, Düsseldorf 2001

Mohr, Reinhard: Total normal?, in: „Der Spiegel", Nr. 49 vom 30.11.1998, S. 40-48

„Die Nationalstolz-Debatte", Sonderseite der „Frankfurter Rundschau" vom 29.3.2001, S. 8

Neuman, Jörg/Frindte, Wolfgang: Der biografische Verlauf als Wechselspiel von Ressourcenerweiterung und -einengung, in: Jörg Neuman/Wolfgang Frindte (Hrsg.): Fremdenfeindliche Gewalttäter, Biografien und Tatver-läufe, Wiesbaden 2002, S. 115-153

Noelle, Elisabeth/Neumann, Erich Peter (Hrsg.): Jahrbuch der öffentlichen Meinung 1947-1955, 3., durchges. Aufl., Allensbach 1975

Noelle-Neumann, Elisabeth/Köcher, Renate (Hrsg.): Allensbacher Jahrbuch der Demoskopie, Bd. 9: 1984-1992, München u.a. 1993

Noelle-Neumann, Elisabeth/Köcher, Renate (Hrsg.): Allensbacher Jahrbuch der Demoskopie, Bd. 10: 1993-1997, München 1997

Nordhausen, Frank: Ein Tritt, ein Ruf, und der Hass brach los, in: „Berliner Zeitung" vom 30.8.2007, S. 3

Peucker, Christian/Gaßebner, Martina/Wahl, Klaus: Analyse polizeilicher Ermittlungsakten zu fremdenfeindlichen, antisemitischen und rechtsext-remistischen Tatverdächtigen, in: Klaus Wahl (Hrsg.): Fremdenfeind-lichkeit, Antisemitismus, Rechtsextremismus. Drei Studien zu Tatver-dächtigen und Tätern, hrsg. vom Bundesministerium des Innern, Bonn 2001, S. 12-88

Prantl, Heribert: „Ehrfurcht vor Gott, Liebe zu Volk und Heimat". Erziehen, fördern und die Allgemeinheit schützen: Was den Bundesländern in ih-ren Gesetzentwürfen zum Jugendstrafvollzug so alles einfällt, in: „Süd-deutsche Zeitung" vom 13.4.2007, S. 7

„Die Rechte ist in der CSU willkommen." Bayerns Ministerpräsident Günther Beckstein über seine Ziele, Interview von Michael Backhaus, in: „Bild am Sonntag" vom 2.9.2007, S. 10

Scherr, Albert: Soziale Identitäten Jugendlicher. Politische und berufsbiographische Orientierungen von Auszubildenden und Studenten, Opladen 1995

Scherr, Albert: Ethnisierung als Ressource und Praxis, in: Prokla. Zeitschrift für kritische Sozialwissenschaft, Nr. 120, Heft 3/2000, S. 399-414

Schillo, Johannes: Die Liebe zum Vaterland in Zeiten der Globalisierung, in: Praxis Politische Bildung. Materialien – Analysen – Diskussionen, Heft 2/2007, S. 85-92

„Schily: Innenminister machen mobil gegen rechte Gewalt", in: „Oberhessische Presse" vom 22.11.2000

Schmale, Holger: „Bürgerliche Werte sind wieder modern". CDU-Politiker Jörg Schönbohm begrüßt den Vorstoß der Jung-Konservativen in der Union, in: „Berliner Zeitung" vom 7.9.2007, S. 6

Schmid, Eva Dorothée: Rechtsradikale Straftaten auf der Fanmeile, in: „Berliner Zeitung" vom 29.11.2007, S. 23

Schmiese, Wulf: „Konservativ im Herzen – progressiv im Geist". Junge Unionspolitiker kritisieren Parteiprogramm / Grundsatzpapier von Mappus, Söder, Mißfeld und Wüst, in: „Frankfurter Allgemeine Zeitung" vom 6.9.2007, S. 4

Schnabel, Kai Uwe: Ausländerfeindlichkeit bei Jugendlichen in Deutschland. Eine Synopse empirischer Befunde seit 1990, in: Zeitschrift für Pädagogik, Heft 5/1993, S. 799-822

Schulenberg, Wolfgang/Loeber, Heinz-Dieter/Loeber-Pautsch, Uta/Pühler, Susanne: Soziale Faktoren der Bildungsbereitschaft Erwachsener, Stuttgart 1978

„Ein neues Sebnitz". Nach der Gewalt in Mügeln steht der Ort am Pranger. Bürgermeister Gotthard Deuse kämpft für seine Stadt, Interview von Moritz Schwarz, in: „Junge Freiheit" vom 31.8.2007, S. 3

Seitz, Norbert: Die Nachhaltigkeit eines neuen Patriotismus, in: Aus Politik und Zeitgeschichte, Heft 1-2/2007, S. 8-13

Sennett, Richard, Der flexible Mensch. Die Kultur des neuen Kapitalismus, 3. Aufl., Berlin 1998

Siemann, Werner: Von der Kriegsverhinderung hin zur aktiven Friedensgestaltung, in: Evangelische Verantwortung, Heft 3/2000, S. 4 f.

Silbermann, Alphons: Sind wir Antisemiten? Ausmaß und Wirkung eines sozialen Vorurteils in der Bundesrepublik Deutschland, Köln 1982

Silbermann, Alphons/Hüsers, Francis: Der „normale" Haß auf die Fremden. Eine sozialwissenschaftliche Studie zu Ausmaß und Hintergründen von Fremdenfeindlichkeit in Deutschland, München 1995

Staffa, Christian: Editorial, in: zeichen, Heft 3/2007, S. 3

Stöss, Richard/Fichter, Michael/Kreis, Joachim/Zeuner, Bodo: Projekt „Gewerkschaften und Rechtsextremismus", Abschlussbericht, Berlin 2004 (im Internet abrufbar unter: www.polwiss.fu-berlin.de/projekte/gewrex/gewrex_downl.htm)

Sturzbecher, Dietmar/Freytag, Ronald: Antisemitismus unter Jugendlichen in Brandenburg und Nordrhein-Westfalen, in: Dietmar Sturzbecher/Ronald Freytag (Hrsg.): Antisemitismus unter Jugendlichen. Fakten, Erklärungen, Unterrichtsbausteine, Göttingen u.a. 2000, S. 76-235

Tillmann, Klaus-Jürgen/Holler-Nowitzki, Birgit/Holtappels, Heinz Günter/Meier, Ulrich/Popp, Ulrike: Schülergewalt als Schulproblem. Verursachende Bedingungen, Erscheinungsformen und pädagogische Handlungsperspektiven, 3. Aufl. Weinheim/München 2007

„Die Union muß auf konservative Werte setzen". Jörg Schönbohm, Innenminister und Vize-Ministerpräsident von Brandenburg, über das „Tafelsilber" der Union, die drohende demographische Katastrophe der Deutschen und den Kampf gegen Rechts, Interview von Dieter Stein und Moritz Schwarz, in „Junge Freiheit" vom 15.11.2002, S. 4 f.

United Nations High Commissioner for Refugees: Asylum Levels and Trends in Industrialized Countries, 2006. Overview of Asylum Applications Lodged in Europe and Non-European Industrialized Countries in 2006, Genf 2007

Walser, Martin: Erfahrungen beim Verfassen einer Sonntagsrede, in: „Frankfurter Rundschau" vom 12.10.1998, S. 10

Wandler, Reiner: Kriegsmarine gegen Flüchtlinge. Wie Spaniens Militär im Atlantik vor den Kanaren Bootsflüchtlinge aus Afrika abwehrt, in: „die tageszeitung" vom 8.5.2006, S. 10

Willems, Helmut: Fremdenfeindliche Gewalt. Einstellungen, Täter, Konflikteskalation, Opladen 1993

Zentralarchiv für Empirische Sozialforschung an der Universität zu Köln/Zentrum für Umfragen, Methoden und Analysen: Allgemeine Bevölkerungsumfrage der Sozialwissenschaften. Datenhandbuch 2006, Köln/Mannheim 2007

Zeuner, Bodo/Gester, Jochen/Fichter, Michael/Kreis, Joachim/Stöss, Richard: Gewerkschaften und Rechtsextremismus. Anregungen für die Bildungsarbeit und politische Selbstverständigung der deutschen Gewerkschaften, Münster 2007

Zick, Andreas/Küpper, Beate: Politische Mitte. Normal feindselig, in: Wilhelm Heitmeyer (Hrsg.): Deutsche Zustände. Folge 4, Frankfurt/M. 2006, S. 115-134

Zimmer, Gabi: Die Linke muss auch einen Kampf um die Herzen der Leute führen, Interview in der „Frankfurter Rundschau" vom 27.12.2000, S. 5

Autoren

Prof. Dr. Klaus Ahlheim, geb. 1942, lehrte bis 2007 politische Erwachsenenbildung an der Universität Duisburg-Essen, lebt jetzt in Marburg und Berlin.
Jüngste Veröffentlichungen: Die Gewalt des Vorurteils. Eine Textsammlung, Schwalbach/Ts. 2007; Ungleichheit und Anpassung. Zur Kritik der aktuellen Bildungsdebatte, Hannover 2007.

Dr. Bardo Heger, geb. 1959, ist Oberstudienrat im Hochschuldienst am Fachbereich Bildungswissenschaften der Universität Duisburg-Essen.
Letzte Veröffentlichung: Wirklichkeit und Wirkung politischer Erwachsenenbildung. Eine empirische Untersuchung in Nordrhein-Westfalen (zusammen mit Klaus Ahlheim) Schwalbach/Ts. 2006.

WOCHEN SCHAU VERLAG

... ein Begriff für politische Bildung

Gesellschaft

Klaus-Peter Hufer

Argumente am Stammtisch

Erfolgreich gegen Parolen, Palaver und Populismus

Der Autor stellt Merkmale, Muster und Handlungsmöglichkeiten bei der Konfrontation mit „Stammtischparolen" dar. Mit dem Buch sollen Menschen ermutigt werden, im Alltag couragiert einzugreifen, wenn sie mit Parolen und Propagandasprüchen konfrontiert werden. Inhaltlich spannt sich der Bogen vom allgemeinen Politikverdruss über antidemokratische Ressentiments, Sexismus, Fremdenfeindlichkeit und Rassismus zum Rechtsextremismus. Die Ratschläge für die Gegenstrategien beruhen auf wissenschaftlich gesicherten Erkenntnissen.

ISBN 978-3-89974245-9, 144 S., € 10,00

Vom gleichen Autor:

Argumentationstraining gegen Stammtischparolen

Materialien und Anleitungen für Bildungsarbeit und Selbstlernen. Wem ist es nicht schon einmal begegnet? Onkel Albert wettert beim Familienfest, der freundliche Nachbar bringt starke Sprüche am Gartenzaun, das Publikum beim Fußball skandiert Parolen – was kann man dazu eigentlich sagen?

ISBN 978-3-87920-054-2, 128 S., € 10,00

www.wochenschau-verlag.de

A.-Damaschke-Str. 10, 65824 Schwalbach/Ts., Tel.: 06196/86065, Fax: 06196/86060, info@wochenschau-verlag.de

Gesellschaft

... ein Begriff für politische Bildung

Klaus Ahlheim (Hrsg.)

Die Gewalt des Vorurteils

Vorurteile und Politik sind Geschwister. Den Machtlosen machen Vorurteile den Alltag erträglicher, den Mächtigen Politik und Herrschaft leichter. Vorurteile sind der Stoff für Sündenbockpraktiken und Diskriminierungskampagnen.

Wie wirken Vorurteile? Wie kann man den Mechanismus durchschauen? Dies wird in dem vorliegenden Band mit den Schlüsseltexten aus sechs Jahrzehnten von über 30 relevanten Autoren gezeigt. Themenfelder sind Sündenböcke, Autoritarismus: Allport, Adorno, Horkheimer, Fromm u.a.; Antisemitismus: Fenichel, Benz u.a.; Fremdenfeindlichkeit: Erdheim, Herbert u.a.; Vorurteile, Gewalt und Völkermord: Parin, Funke, Goldhagen u.a.; Pädagogische Intervention und Prävention: Auernheimer, Krafeld, Fechler u.a.

ISBN 978-3-89974324-1, 480 S., € 24,80

www.wochenschau-verlag.de

A.-Damaschke-Str. 10, 65824 Schwalbach/Ts., Tel.: 06196/86065, Fax: 06196/86060, info@.wochenschau-verlag.de